ROLAND ESSL

Geschmackssache

Rezeptsammlung

VERLAG ANTON PUSTET

ROLAND ESSL

Geschmackssache

Rezeptsammlung

VERLAG ANTON PUSTET

Impressum

Bibliografische Information der Deutschen Nationalbibliothek
Die Deutsche Nationalbibliothek verzeichnet diese Publikation in der Deutschen Nationalbibliografie; detaillierte bibliografische Daten sind im Internet über http://dnb.d-nb.de abrufbar.

5020 Salzburg, Bergstraße 12

Fotos: Marco Riebler
Bild S. 15: © jocic/shutterstock.com

Grafik, Satz und Produktion: Tanja Kühnel
Lektorat: Martina Schneider, Beatrix Binder
Druck: Buch Theiss GmbH, St. Stefan im Lavanttal
Gedruckt in Österreich

ISBN 978-3-7025-0980-4

auch als eBook erhältlich:
eISBN 978-3-7025-8074-2

www.pustet.at

Die wichtigste Zutat ist Liebe!

So wie meine Mutter Helga
mir Ihre Kunst des Kochens weitergegeben hat,
möchte ich diese meinen Kindern
Marlene und Lorenz mit auf ihren Weg geben.

Alpenländische Küche will nicht erzählt werden,
alpenländische Küche will gelebt und geliebt werden.

Inhalt

Das Feine

Der Anhang

Vorwort

Schon probiert, ein Hendlhaxerl in Butter mit Olivenöl und einem Zweig Rosmarin zu braten? Haben Sie schon einmal diese Geruchsexplosion miterlebt? Das geht natürlich auch mit einem Lammkotelett, Kalbsrückensteak oder Filetsteak. Wissen Sie, wie praktisch ein Backrohr für das tägliche Kochen ist und wie viele Anwendungsmöglichkeiten man damit hat? Wie gelingt ein Ei im Glas oder wie wird eine banale Eierspeise zu einem Highlight in Ihrem Menü? Es ist die Philosophie der einzelnen Gerichte, die man dazu verstehen sollte. All diese Dinge möchte ich Ihnen in meinem Kochbuch näherbringen.

Ich möchte mich an dieser Stelle bei meiner Mutter bedanken, die ihr ganzes Leben versucht hat, alte Rezepte zu beleben und diese wirtshausfähig zu machen, aber auch bei all jenen, die mir unbekannt sind und aus deren Feder so manches Gericht entstand. Ein gutes Rezept ist ein besonderer Schatz, der behütet werden will, jedoch keinen Wert besitzt, wenn er mit ins Grab genommen wird. Durch Weitergabe an die nächsten Generationen lebt nicht nur das Gericht, sondern auch die Person, von welcher dieses oder jenes Rezept stammt. Einige Gerichte haben eine besondere Geschichte, wie zum Beispiel die „Hoargneist Nidei“ (gebratene Sauerkrautlaibchen), deren Aussehen an die erfolgreiche Ernte eines Rosshaarkamms erinnern. Oder die „Stinkerknödel“ (Erdäpfelkasknödel), welche in Notzeiten aus schon davonlaufendem Graukas bereitet wurden.

Da man nicht immer für eine Großfamilie kocht, habe ich die Rezepturen so klein wie möglich gehalten und versucht, Anleitungen aufzuschreiben, welche gering im Geschirr- und Arbeitsaufwand sind. Zur besseren Übersicht stehen bei jedem Rezept auch Zeitangaben und Schwierigkeitsgrad.

Weiters ist diese Rezeptsammlung in drei Teile gegliedert. Im ersten Abschnitt findet sich das Schnelle: Gerichte, die im Handumdrehen und ohne viel Aufwand fertig sind. Den zweiten Teil bildet das Bodenständige – erprobte Rezepte für den Haushalt. Manche wurden aus meiner Rezeptkartei, der Wirtshausküche, adaptiert, andere neu geschrieben. Gerichte wie etwa Palatschinken können Sie nicht nur süß als Nachspeise, sondern auch pikant als Vor- oder Hauptspeise kredenzen. Außerdem finden sich einige Grundrezepte, welche Sie je nach Geschmack und vorhandenen Zutaten verändern können. Im dritten Teil wird das Feine beschrieben: die Kochanleitungen aus Reinhard Gerers Haubenrestaurant Korso in Wien. Diese Rezepturen sind eine Symphonie der Gaumenfreuden und beschreiben sehr gut das Zusammenspiel der einzelnen Aromen. Ich hoffe, Sie haben Freude an meiner Zusammenstellung und wünsche diesem Buch recht viele Flecken, denn diese sind für mich das beste Zeichen eines gelungenen Werkes.

Roland Essl

Das Grundlegende

Ihre Küche

Wenn man einmal nachdenkt, wie viel Zeit man in der Küche verbringt, wird klar, dass sich hier das eigentliche Zentrum des Hauses befindet. Es ist auch der Raum, in dem am meisten kommuniziert und Besuch empfangen wird. Wenn Sie ihre Küche neu planen, sollten Sie sich daher über ein paar wesentliche Dinge Gedanken machen.

Es gibt zwei Arten von Küchen: Die Designerküche mit guter Mikrowelle und eine gemütliche Küchenwerkstatt mit effektiven Geräten. Erstere eignet sich hervorragend zum Aufwärmen von Essbarem, während eine gut zusammengestellte Küche zwar vielleicht nicht so schön ist, dafür aber Wärme ausstrahlt und Ihrer Fantasie keine Grenzen setzt.

Denken Sie auch an Kleinigkeiten wie einen großzügigen Arbeitsplatz, eine separate Abstellfläche für Geschirr, gutes Arbeitslicht, Musik in der Küche und eine Möglichkeit, ihre Nudelmaschine zu befestigen etc. Bauen Sie Laden in die Fußsockelleisten für selten gebrauchte Küchenutensilien ein, nutzen Sie jeden Quadratzentimeter und vermeiden Sie lange Wege und Kreuzungspunkte. Je mehr Sie verstauen können, desto weniger steht herum und umso sauberer wirkt Ihre Küche. Die Aufschnittmaschine lässt sich in ein Regal versenken. Den Herd können Sie auch schräg in eine Ecke stellen, das macht Ihre Küche rund und wirkt optisch sehr schön. Lösen Sie sich von der Vorstellung, dass Herdplatte und Backrohr eine Einheit bilden müssen. Ein Backrohr auf Augenhöhe zum Beispiel ist enorm praktisch. Sie haben Ihren Kuchen, Auflauf oder Braten immer im Blick, es erleichtert die Reinigung und schont Ihr Kreuz, von der Sicherheit, wenn kleine Erdenbewohner da sind, ganz abgesehen. Was das Backrohr können soll: Es ist sinnvoll, wenn Ober- und Unterhitze getrennt reguliert werden können, Extras wie Wecker, programmierte Backzeit, Selbstreinigung sind nicht schlecht, helfen zwar nicht allzu viel, schaden aber nicht.

Die Entscheidung, ob Gas-, Elektro- oder Induktionsherd, bleibt ganz Ihnen überlassen. Gasherde haben den Vorteil, dass sich die Hitzezufuhr schnell regulieren lässt, Sie dadurch Energie sparen und jedes Geschirrmaterial, also auch getriebene Eisenpfannen verwenden können. Der Nachteil besteht in der Verbrennungsgefahr und dem hohen Reinigungsaufwand. Elektroherde sind in ihrer Bauweise sehr kompakt und lassen sich daher überall platzsparend einbauen, sie sind die Allrounder und es kann darauf jedes Metallgeschirr mit planem Boden verwendet werden. Ihr Nachteil besteht in langer Aufheiz- und Abkühlzeit, wodurch sie viel Energie brauchen.

Induktionsherde kosten in der Anschaffung am meisten. Sie können darauf nur mit Spezialgeschirr kochen, dafür sind Induktionsherde extrem schnell und sehr energieeffizient.

Apropos Energie: Wussten Sie, dass in einem Haushalt, in dem täglich einmal warm gekocht wird, 50 Prozent der Gesamtenergie Ihre Küche verschlingt? Die Hauptursachen dafür sind meist schlechtes Geschirr und Kochen ohne Deckel. Der Grundsatz: „Wer billig kauft, kauft doppelt“, stimmt in den meisten Fällen. Also auch wenn's teuer ist und momentan weh tut, beschaffen Sie sich Geschirr, das die Energie optimal verwertet und ein Leben lang hält. Nur dann kommen die Anschaffungskosten wieder herein und Sie werden jeden Tag Freude am Kochen haben. Für Töpfe und Messer gilt: Lieber zwei Nummern zu groß als eine zu klein.

Kochgeschirr

Gutes Kochgeschirr verwertet die Energie optimal und Sie können hier effektiv Energiekosten sparen. Am besten, Sie entscheiden sich für ein Geschirrsystem, bei dem alles zusammenpasst und Sie Fehlendes ergänzen können.

Achten Sie darauf, dass:

- bester Edelstahl verarbeitet ist,
- der Topfboden die Wärmeenergie schnell aufnimmt, gut verteilt und lange speichert (Test: Greifen sie den kalten Topf am Boden an und gießen sie etwas heißes Wasser aus der Leitung in den Topf. Die Wärme muss binnen 2–3 Sekunden übertragen werden),
- sich der Topfrand gut zum Umschütten eignet und nicht nachtropft,
- die Topfgriffe nicht zu klein sind, keine Hitze übertragen und gut mit dem Topf verbunden sind,
- der Deckel perfekt schließt und so geformt ist, dass das Kondenswasser wieder in den Topf zurücktropfen kann,
- sich die Töpfe platzsparend stapeln lassen.

Grundausstattung für einen Vier-Personen-Haushalt		
1 Topf mit Deckel	24 cm	6–7 Liter
1 Topf mit Deckel	24 cm	3–4 Liter
1 Topf mit Deckel	20 cm	4 Liter
1 Topf mit Deckel	20 cm	2–3 Liter
1 Stielkasserole mit Deckel	16 cm	1–2 Liter
1 Schmortopf mit Deckel, Gusseisen	24 cm	4 Liter
1 Edelstahlpfanne, unbeschichtet	24 cm	
1 beschichtete Pfanne (Emaille, Titan, Glaskeramik)	24 cm	
1 Bräter, möglichst schwer	40 cm	
1 Druckkochtopf	22 cm	4 Liter

Küchenmesser

So wie gutes Geschirr sind auch gute Messer teuer, dafür sind sie bei richtiger Pflege eine Anschaffung fürs Leben. Sie erkennen ein hochwertiges Messer daran, dass der Stahl der Klinge bis zum Griffende durchgearbeitet ist und der Schwerpunkt genau zwischen Griff und Klinge liegt. Auch hier gilt: lieber zu groß als zu klein. Nur Qualitätsmesser bleiben auch wirklich lange scharf. Sie sollen gut in der Hand liegen, nicht zu schwer sein und eine dünne Klinge haben. Schauen Sie nach Möglichkeit nicht auf den Preis, nehmen Sie das Messer am besten in die Hand, balancieren Sie es aus und befragen Sie ihr Bauchgefühl. Bedenken Sie: Sie werden täglich mit diesem Messer arbeiten und sollten sich deshalb auch etwas Ordentliches gönnen.

Grundausstattung		
1 Kochmesser	20 cm	Der Alleskönner in der Küche. Perfekt ausbalanciertes Messer zum Wiegen, Hacken und Schneiden von Fleisch, Fisch, Obst und Gemüse
1 kleines Messer, genannt Officemesser	3–8 cm	Das beliebteste Küchenmesser für alle kleineren Zubereitungsarbeiten
1 Filiermesser	16–18 cm	Die dünne, hochelastische Klinge erlaubt exakte Schnitte. Filetieren von Fisch und Fleisch wird spielend leicht
1 Wellenschliff- oder Sägemesser	16–20 cm	Schneidet mühelos durch hartes und weiches Brot, Schinken, weiches Gemüse oder Obst, ohne das Schneidgut zu zerdrücken
1 Winkelpalette	12 cm	Durch die abgeknickte Form eignet sich die Palette zum Abheben fast aller Gerichte, die in der Pfanne oder auf dem Backblech zubereitet werden. Ideal auch zum Portionieren und Servieren von Lasagne und Aufläufen
1 Wetzstahl	23 cm	Damit bei ständiger Beanspruchung die Schärfe eines Messers nicht nachlässt – Qualitätsmesser können jederzeit leicht und wirksam nachgeschärft werden.

Reinigung

Technisch gesehen sind alle Qualitätsmesser für die Spülmaschinenreinigung geeignet. Wenn Ihnen aber Ihre Arbeitshilfen am Herzen liegen, dann säubern Sie die Messer besser direkt nach dem Gebrauch unter warmem Wasser mit einem feuchten Tuch und ein wenig Spülmittel. Anschließend bitte sorgfältig trocknen.

Das Schärfen/Wetzen

Nehmen Sie den Wetzstahl in die linke und das Messer in die rechte Hand (Linkshänder umgekehrt). Von der Bewegung her muss man die Klinge im Winkel von 20 Grad mit leichtem Druck in Richtung der Schneide über den Stahl streichen. Ziehen Sie beide Seiten der Klinge abwechselnd von der Spitze des Wetzstahls und dem Griffende der Schneide über die gesamte Länge hinweg. Nach sechs bis acht Wiederholungen erhält das Messer wieder seine ursprüngliche Schärfe. Eine Arbeit, die wenig Mühe bereitet und für täglich scharfe Messer sorgt. Der Wetzstahl sollte immer länger als das zu schärfende Messer sein.

Metzger- oder Fleischermesser nennt man jene, bei denen der Kunststoffgriff bis unter die Klinge gezogen ist. Solche gehören in die Metzgerei und nicht in ihre Küche, da man diese schlecht als Wiegemesser zum Feinhacken für Petersilie, Kräuter oder Zwiebel einsetzen kann.

Ein gutes Qualitätsmesser soll folgende Merkmale erfüllen:

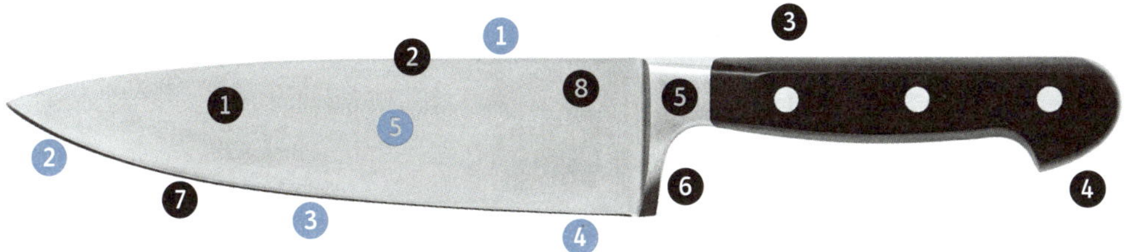

❶ Klingenblatt – aus einem Stück geschmiedet. Für hohe Belastbarkeit und langes Schneidevergnügen.

❷ Klingenrücken – sorgfältig geschliffen, um Verletzungsgefahr auszuschließen

❸ Hohlnieten – garantieren eine dauerhafte Verbindung der Griffschalen mit dem Messer-Erl.

❹ Hinterer Handschutz – damit das Messer immer sicher in der Hand liegt.

❺ Kropf – eine Verdickung zwischen Klinge und Griff, das typische Merkmal für geschmiedete Messer. Gewährleistet eine optimale Balance des Messers.

❻ Bart – als Handschutz, verhindert ein Abrutschen der Hand in die Klinge.

❼ Schneide/Wate – eine zweifach abgezogene Klinge garantiert extreme Schärfe.

❽ Ätzung – Logo des Herstellers, Herstellungsort, Legierung und Härtegrad sind bei namhaften Herstellern auf der Klinge vermerkt und garantieren die Qualität.

① Mit dem stabilen Klingenrücken werden kleinere Knochen zerhackt oder Krustentiere aufgeschlagen.

② Mit dem vorderen Teil werden Zwiebeln, Pilze, Knoblauch und andere kleine Gemüsearten zerteilt; geeignet für viele kleine Schneidearbeiten

③ Der mittlere Teil dient zum Zerkleinern von hartem und weichem Schneidgut; durch die leicht geschwungene Klingenform ideal zum Wiegen und Hacken von Lauch, Schnittlauch, Petersilie etc.
Achtung: Nicht zum Hacken von Knochen verwenden! Hierfür gibt es einen Spezialisten – das Hackbeil.

④ Mit dem hinteren Teil wird schwer durchzutrennendes Schneidgut zerlegt. Die Kraftumsetzung ist hier optimal.

⑤ Das breite Klingenblatt bietet sich zum Flachdrücken und Formen (z. B. von Filets) und zum Abheben und Aufnehmen des Schneidguts an.

Küchengeräte

Natürlich brauchen Sie auch ein paar praktische Helferlein, die Ihnen die Arbeit erleichtern. Auch hier sollten Sie zu qualitativ hochwertigen Geräten greifen.

- Handmixer mit Pürierstab
- Standmixer
- Toaster
- Nudelmaschine: Achten Sie darauf, dass sie gut am Tisch befestigt werden kann!
- Mikrowellenherd: Eignet sich unter anderem hervorragend zum Aufwärmen der Teller vor dem Anrichten.
- Kaffeemaschine
- Leistungsfähige Küchenmaschine: mit Teigknetfunktion, Gemüseschneider, Cutter, Mixaufsatz, Zitronenpresse, Gemüsesaftzentrifuge, Fleischwolf. Eine große Küchenmaschine ist nicht leicht zu verstauen, also bedenken Sie dies bei der Küchenplanung, damit dieses Gerät Ihnen keinen wertvollen Arbeitsplatz wegnimmt.
- kleiner Multihacker für Nüsse, Gewürze, Kräuter ...
- Elektrische Küchenwaage mit Batterie: Muss auf 1 Gramm genau gehen, mit Tara-Funktion und 5 kg maximaler Belastung.
  Viele elektronische Küchenwaagen sind beim Abwiegen von geringen Mengen bis etwa 5 g ungenau. Um einen genauen Wert zu erhalten, stellen Sie eine kleine Schüssel auf die Waage und addieren Sie das gewünschte Gewicht zum angezeigten Wert hinzu, ohne die Tara-Taste zu benützen.

Weitere Kochutensilien

- Pfeffermühle: Eines der wichtigsten Geräte und darf in keiner Küche fehlen; achten Sie darauf, dass sie ein hochwertiges Mahlwerk besitzt
- großes Schneidebrett
- Metallschüsseln in verschiedenen Größen
- Messbecher
- Salatschleuder
- Reibeisen
- Universal-Gemüseschneider
- Siebe in verschiedenen Größen, Durchschlag
- Flotte Lotte
- Tortenformen, Springformen, Gugelhupfform, Terrinenform
- Rundausstecher in verschiedenen Größen
- Rollholz
- Schnitzelklopfer
- Schneebesen
- Mehrere Kochlöffel
- Schöpfer, Schaumlöffel
- Küchenschere
- Erdäpfelpresse
- Knoblauchpresse
- Pizzaschneider
- Apfelausstecher, Kugelausstecher, Zestenreißer
- Teigkarten/Silikonspachteln
- Pinsel
- Einweg-Spritzbeutel mit Tüllen
- Nockerlsieb/Nockerlhobel
- Dosenöffner
- Flaschenöffner und Korkenzieher
- Zitruspresse
- Fleisch- bzw. Tranchiergabel
- Wetzstahl
- Geflügelschere

Fachchinesisch

Erklärung der Küchenfachausdrücke, die in diesem Kochbuch verwendet werden

Abschrecken	Rasches Erkalten des Kochgutes in Eiswasser
Abtrieb	Masse aus mit einem Schneebesen flaumig geschlagener Butter, Ei oder Eidotter und eventuell mit Staubzucker. Dazu Butter leicht erwärmen, sodass diese schon fast flüssig ist. Nun das kühlschrankkalte Ei mit der Butter gut verschlagen – das kalte Ei kühlt die warme Butter soweit herunter, dass Sie einen schönen Butterabtrieb erhalten.
Amuse-Gueule	Menüstarter oder Gruß aus der Küche; kleines, appetitanregendes Gericht zu Beginn des Menüs
Anschwitzen	Bratgut in Fett kurz, ohne Farbe nehmen zu lassen, anrösten
Blanchieren	kurz mit kochendem Wasser überbrühen und anschließend im Eiswasser abschrecken
Concassée	zerhackte, geschälte, entkernte Tomaten
Croutons	in Butter geröstete Weißbrot- oder Schwarzbrotwürfel, meist für Suppen oder Salate verwendet
Dariolform	kleine Becherform aus Metall für Mohr im Hemd, Souflés, kleine Sulzen, Eiscreme etc.
Etamin	Passiertuch zum Seihen und Passieren von Soßen oder Suppen
Farce	jede Art von Fülle, z. B. hergestellt aus Fisch oder Geflügel
Glace	ein sehr konzentrierter, sirupartig eingekochter Jus
Jus	Bratensaft, brauner Fond
Fond	Grundlage der feinen Soßenküche; helle Suppe von Gemüse, Fleisch, Geflügel oder Fisch
Karkasse	Knochenreste von Geflügel oder Fisch
Legieren	eine Flüssigkeit mit Eidotter und Obers binden (darf nicht mehr kochen!)
Mise en place	Vorbereitung aller Zutaten, um den Kochvorgang so zeit- und raumsparend wie möglich zu gestalten
Montieren	eine Soße mit kalter Butter leicht binden
Mehlieren	eine Unterlage oder eine Form mit Mehl be- oder ausstreuen, damit eine Masse sich später leichter davon lösen lässt
Nappieren	ein Stück Fleisch, Fisch oder Gemüse mit Soße überziehen
Paprizieren	Paprikapulver in eine Masse einrühren. Paprika ist sehr gut fettlöslich, jedoch nicht hitzebeständig. Aus diesem Grund soll Paprikapulver niemals geröstet werden.
Parfait	eine mit Eiklar im Wasserbad pochierte Farce, die in einer Form zum Erstarren gebracht wird

Parieren	Fleisch oder Fisch durch Wegschneiden der überflüssigen Teile koch- beziehungsweise bratfertig machen
Parüren	überflüssige, weggeschnittene Teile von Fleisch (Flachsen, Sehnen, Haut)
Pastete	jede Farce, die in einen Teigmantel gewickelt und darin gebacken wird
Pochieren	Fisch, Fleisch, Gemüse oder Terrinen knapp unter dem Siedepunkt garziehen lassen
Ragout	Fleisch, Fisch oder Gemüse, würfelig geschnitten und in Soße gedünstet
Reduzieren	Einkochen einer Flüssigkeit auf die gewünschte Menge oder Konsistenz
Sautieren	in einer Pfanne schwenkend anrösten
Schotten	so bezeichnet man den Topfen, der aus Buttermilch gewonnen wird; er schmeckt etwas intensiver als normaler Topfen.
Stauben	etwas Mehl in eine Pfanne zum Gargut geben, bevor mit einer Flüssigkeit aufgegossen wird
Sud	eine geschmacksgebende aromatisierte Flüssigkeit
Tranche	eine Schnitte vom gegarten Stück
Terrine	Pastete ohne Teigmantel, meist in mit Speck ausgelegter Form Terrinen werden im Wasserbad pochiert
Tomatisieren	Ein Röstgut mit Tomatenmark versetzen, kurz mitrösten und anschließend ablöschen. Dadurch erhalten Ragouts und Soßen eine noch kräftigere Farbe.
Untergießen	wenig Flüssigkeit unter das betreffende Stück gießen
Zesten	dünne Streifen von (Bio-)Orangen- oder Zitronenschalen; diese hauchdünn schälen und die Schale in feinste Streifen schneiden
Ziehen lassen	unter dem Siedepunkt gar werden lassen
Zuputzen	eine Zutat wie Fleisch oder Gemüse säubern und alles Überflüssige wegschneiden

Zeichenerklärung in den Rezepten

	Schwierigkeitsgrad
Anzahl der Portionen	●●● superleicht
aktiver Zeitaufwand	●●● einfach
passiver Zeitaufwand (ziehen, marinieren, rasten, einweichen, etc.)	●●● anspruchsvoll
→ Seitenverweis	●●● aufwendig

Küchenweisheiten, Tipps & Tricks

- **Mahlen Sie Pfeffer immer frisch mit einer Mühle!**
  Fertig gemahlener Pfeffer aus dem Handel hat sein Aroma längst verloren und ist nur noch scharf.

- **Zerreiben Sie getrocknete Kräuter immer vor dem Würzen mit den Fingern!**
  Durch das Zerreiben brechen Sie die Struktur auf und das volle Aroma kann sich entfalten. Auch Lorbeerblätter gehören zerbrochen. Dasselbe gilt für Wacholderbeeren und Pfefferkörner.

- **Wenn Sie die Möglichkeit haben, ein paar frische Kräuter anzusetzen, nützen Sie diese! Sie sind ein Grundgeheimnis der feinen Küche.**
  Rosmarin, Thymian, Zitronenthymian, Basilikum, Liebstöckel, Zitronenmelisse, Minze und Schnittlauch lassen sich leicht anpflanzen und sind vielseitig verwendbar.

- **Wenn Sie einmal nicht wissen, ob bestimmte Kräuter in ein Gericht passen, benützen Sie Ihre Nase!**
  Riechen Sie zuerst an den Kräutern und dann gleich an Ihrem Gericht, harmonieren die Gerüche, passt der Geschmack ebenfalls.

- **Paprikapulver ist fettlöslich, aber sehr hitzeempfindlich!**
  Deshalb immer das Kochgut etwas herunterkühlen, bevor man papriziert, sonst verbrennt das Pulver, es entsteht ein bitterer Geschmack und die Farbe wird dunkelrot bis bräunlich.

- **Fleisch immer rechtzeitig vor dem Braten aus dem Kühlschrank nehmen!**
  Wenn Fleisch temperiert ist, bekommt es schon beim Anbraten eine viel schönere Kruste und schmeckt auch insgesamt besser.

- **Warmes Essen immer auf heißen Tellern anrichten, kalte Vorspeisen auf kalten Tellern servieren!**
  Es ist das i-Tüpfelchen einer guten Küche mit vielen Vorteilen. Auf heißen Tellern können Sie sich ein wenig mehr Zeit beim Anrichten nehmen, zudem haben langsame Esser mehr Freude bis zum letzten Bissen. Ohne gekühlte Teller verlieren kalte Vorspeisen ihren erfrischenden Charakter – besonders im Sommer.

- **Das Bittere aus den Eierschwammerln schwitzen**
  Rösten Sie Eierschwammerl in einer heißen Pfanne ohne Fett oder Gewürze trocken an. Die Schwammerl beginnen, ihr bitteres Wasser herauszuschwitzen. Wenn die Schwammerl gut durchgeschwitzt sind, diese in einem Sieb gut abtropfen lassen.

- **Fonds und Jus sind eine gute Basis für Soßen und Suppen.**
  Die hat man aber in der Regel nicht zu Hause. Man kann sich behelfen, indem man nach einem gelungenen Gericht wie einer guten hausgemachten Rindssuppe, Schweinsbraten, Ente etc. den übriggebliebenen Saft in kleine Behälter abfüllt und einfriert. Gemüsefonds lassen sich leicht herstellen, indem man Abschnitte und Schalen von Gemüse in wenig Wasser kurz aufkocht.

- **Soßen, welche Sie mit kalter Butter montiert haben, sollten danach nicht mehr kochen, sie gerinnen dadurch.**
  Wenn das passiert, hilft ein kurzes Aufmixen mit dem Mixstab.

- **Wenn eine Soße etwas „fad" schmeckt, hilft oft etwas Pfeffer aus der Mühle.**
  Essig hebt ebenfalls den Geschmack – aber Vorsicht – nur bei Gerichten, in denen Zucker oder Essig selbst vorkommt; auch das alte, gut bewährte Suppengewürz (➔ S. 182) hilft, den Geschmack zu verfeinern.

- **Wenn Sie mehrere Zwiebeln oder Knoblauchzehen schälen müssen, legen sie diese etwa eine halbe Stunde zuvor in warmes Wasser!**
  Die Schale wird weich und lässt sich leicht abziehen.

- **Knoblauch entfaltet sein volles Aroma und verliert seine Schärfe, wenn man ihn in Öl anschwitzt!**
  Aber nur hell, denn sowie er Farbe bekommt, wird er bitter.

- **Zwiebeln beim Braten immer gut durchschwitzen!**
  Das Gemeine an Zwiebeln ist die Zwiebelsäure, sie rührt uns beim Schälen zu Tränen und schmeckt roh dementsprechend. Werden Zwiebeln aber gut durchgeschwitzt, so wandelt sich diese Säure in Zucker um. Wird er weitergeröstet, karamellisiert der Zucker und die Zwiebelstücke werden braun.

- **Das Geheimnis knuspriger Zwiebelringe**
  Da Zwiebeln nach dem Schneiden Wasser lassen, die Zwiebeln erst kurz vor dem Frittieren in feine Ringe schneiden (am besten mit einer Aufschnittmaschine). Für eine zusätzliche Knusprigkeit die Zwiebelringe mit wenig griffigem Mehl einstauben und sofort ins heiße Öl einstreuen. Achtung: Nicht zu viele Zwiebelringe einstreuen, da das Öl mit den Zwiebeln aufschäumen wird. Wenn die Zwiebeln hellbraun geröstet sind, mit einem Siebschöpfer aus dem Fett heben und auf Küchenkrepp abtropfen lassen.

- **Welchen Senf?**
  Senf ist ein starkes geschmacksgebendes Würzmittel, welches in Dressings, Soßen oder Ragouts eine bedeutende Rolle spielt. Da viele Senfsorten Zucker enthalten, sind sie zum Braten nicht geeignet, hier ist Dijon-Senf die bessere Wahl.

- **Der Eier-Frischetest**

  Die Eierschale ist porös und luftdurchlässig, deshalb lagern Sie Eier nicht neben Knoblauch oder stark riechenden Lebensmitteln. Weiters trocknen Eier nach längerer Lagerzeit aus, die Luftkammer im Ei wird größer. Um festzustellen, ob ein Ei ganz frisch oder schon etwas betagter ist, gibt es mehrere Möglichkeiten:

  Der Schütteltest: Schütteln Sie das Ei neben Ihrem Ohr. Alte Eier hört man schwappen.

  Der Schwimmtest: Legen Sie das Ei in eine Schüssel mit Wasser. Ganz frische Eier gehen unter, ältere Eiere stellen sich auf oder steigen gar an die Oberfläche.

  Der Aufschlagtest: Frische Eier: Dotter und Eiklar wirken hochgewölbt. Alte Eier: Flacher Dotter, das Eiklar fließt auseinander.

  Der Kochtest: Auch nach dem Kochen kann man ältere Eier an ihrer viel größeren Luftkammer identifizieren (siehe Schwimmtest).

- **Eischnee und Schlagobers schlagen**

  Das Gefäß und der Schneebesen müssen absolut sauber und frei von Fett sein. Schon kleinste Verunreinigungen können zum Misserfolg führen. Eischnee gelingt am besten, wenn das Eiklar sehr kalt ist und man eine Prise Salz oder Zucker hinzumischt. Auch Obers sollte nur im kalten Zustand aufgeschlagen werden. Wichtig ist auch das Tempo des Mixers. Langsam beginnen, erst nach und nach schneller werden, das hält Ihre Küche sauber.

- **Stärkemehl aus Kartoffeln oder Mais?**

  Im Grunde ist es egal, welche Speisestärke Sie verwenden. Die Kartoffelstärke hat eine klare weiße Farbe und einen neutralen Geschmack. Die Maisstärke ist im Gegensatz zur Kartoffelstärke meist gluten- und laktosefrei und eignet sich also besonders für Personen mit einer Gluten- und/oder Laktoseunverträglichkeit. Maisstärke entwickelt beim Kochen einen leicht milchig-süßlichen Geschmack, der aber gerade bei der Verarbeitung zu Süßspeisen, Soßen und Soßengerichten wie z. B. Ragouts sogar gewünscht ist.

- **Erdäpfel nach dem Kochen niemals unter kaltem Wasser abschrecken**

  Es erleichtert zwar das Schälen, doch saugen die Erdäpfel das Wasser auf wie ein trockener Schwamm. Das Ergebnis sind wässrige Erdäpfel. Diese Saugeigenschaft ist sehr wichtig für Erdäpfelsalat, Püree, Erdäpfelteig etc.

- **Tomaten schälen**

  Aus der Tomate den Strunkansatz herausschneiden, die Haut oben und unten kreuzweise einritzen. Die so vorbereitete Tomate kurz in kochendem Wasser blanchieren, danach sofort in eiskaltem Wasser abschrecken und die Haut abziehen.

Abkürzungen & Umrechnungstabellen

g	Gramm
l	Liter
ml	Milliliter
cl	Zentiliter
kg	Kilogramm
EL	Esslöffel
TL	Teelöffel
Msp.	Messerspitze
Pk.	Packung, Päckchen
Prise	kleine Menge, die man zwischen zwei oder drei Fingern fassen kann
Spr.	Spritzer
Stk.	Stück

1 Ei (M)	circa 50 g
1 Ei (L)	Diese Eiergröße wird in meinen Rezepten verwendet = circa 60 g
1 Ei (XL)	circa 70 g
1 Scheibe Toast	37 g
1 Scheibe Toast, entrindet	circa 25 g
1 Stück, mittelgroß	
Erdapfel	100 g
Zwiebel	100 g
Karotte	60 g
Knollensellerie	700 g
Kohlrabi	200 g
Apfel	100 g
Gurke	300 g
Zucchini	250 g
Paprika	200 g
Krautkopf, Wirsing	1200 g
Karfiol	900 g

1 Suppenteller	circa 1/4 l
1 Kaffeehäferl	circa 1/4 l
1 Kaffeetasse	circa 1/8 l

	1 Esslöffel	1 Teelöffel
Mehl	12 g	5 g
Stärkemehl	12 g	5 g
Zucker	20 g	6 g
Salz	20 g	6 g
Öl	6 g	2 g

Mengen und Gewichte für eine Portion	
Suppe	1/4 l
Fleisch	150 g
Fischfilet	150 g
Fisch im Ganzen	250 g
Nockerl und Nudelgerichte	300 g
Beilagengewicht	150–200 g

Trockengewicht	
Nudeln, Hauptspeise	100 g
Nudeln, Beilage	30–40 g
Reis/Risotto, Hauptspeise	100 g
Reis, Beilage	30–40 g
Polenta/Griesgericht Beilage	30 g
Suppennudeln	20 g

Wenn Sie mit einer elektronischen Waage arbeiten, können Sie Flüssigkeiten über den Daumen so schnell umrechnen:	
1 l	1000 g
1 dl	100 g
1 cl	10 g
1 ml	1 g

Das Schnelle

Weiches Ei 

Für ein Ei im Glas kann man die so gekochten Eier relativ problemlos schälen: Mit einem Suppenlöffel das Ei aufschlagen und mit den Fingern anschälen, danach mit dem Löffel das Ei vorsichtig aus der restlichen Schale heben und in einem Glas servieren.

Zubereitung

Nehmen Sie die Eier am Vortag aus dem Kühlschrank oder legen Sie sie eine Viertelstunde vor dem Kochen in warmes Wasser, so springt das Ei im kochenden Wasser nicht auf! Die Kerntemperatur des Eies vor dem Kochen ist wesentlich.
Richtlinien bei zimmertemperierten Eiern für ein wachsweiches Ei:

Größe M: 4 Minuten
Größe L: 5 Minuten
Größe XL: 6 Minuten

Eierspeise

Zutaten

3	Eier
1 TL	Butter
	Salz
	Pfeffer

Zubereitung

1. Butter in der Pfanne schmelzen.
2. Eier hineinschlagen, würzen.
3. Kernig weich anziehen lassen.

Eine gute Eierspeise zuzubereiten ist eigentlich recht einfach. Wichtig dabei ist, dass sie noch kernweich sein soll, verspielt in ihren Farben und vorzüglich im Geschmack. Um das zu erreichen, verrührt oder verschlägt man die Eier nicht sofort, sondern lässt sie etwas in der heißen Butter anziehen, erst dann würzen. Dann sticht man die Dotter auf und verrührt sie einmal kurz, lässt sie wieder anziehen, verrührt wieder. Gleich auf einem warmen Teller anrichten!

Variationen

Eierspeise mit Schnittlauch: Mit viel frisch geschnittenem Schnittlauch bestreuen.
Kürbis-Eierspeise: Nachdem die Dotter angestochen wurden, einen kleinen Schuss Kürbiskernöl dazugeben und nach Belieben mit gerösteten Kürbiskernen bestreuen.
Eierspeise mit Trüffelöl: Nach dem Einschlagen der Eier sofort einen kleinen Schuss Trüffelöl dazugeben.

Rührei

1 | 5 Minuten | ●●●

Zutaten

3	Eier
2 EL	Schlagobers
1 TL	Butter
	Salz
	Pfeffer
	Schnittlauch

Zubereitung

1. Eier in einer Schüssel mit Schlagobers verrühren und würzen.
2. Butter in einer Pfanne schmelzen.
3. Die Eier eingießen und unter ständigem Rühren kernweich, ohne Farbe zu bekommen, anziehen lassen.
4. Mit Schnittlauch bestreuen.

Wie bei der Eierspeise soll das Rührei in der Mitte noch schön weich sein, anstatt Schlagobers kann auch ein Löffel Crème fraîche oder Sauerrahm eingerührt werden, das gibt dem Rührei eine feine Säure.

Variationen

Rührei mit Schinken: Schinken in Streifen schneiden und in Butter anschwitzen, danach die Eiermasse einrühren und fertigstellen.
Rührei mit Speck: Speck ohne Knorpel in Streifen schneiden und ohne Butter anbraten, danach die Eiermasse einrühren und fertigstellen.
Rührei mit Tomaten, Paprika und Kräutern: Cocktail-, Kirsch- oder vollreife große Tomaten halbieren oder zerkleinern, gelbe Paprika in Würfel schneiden und in Butter anschwitzen, danach die Eiermasse einrühren, Kräuter dazu und fertigstellen.
Rührei mit Bärlauch: Frischen Bärlauch in Streifen schneiden und in Butter anschwitzen, danach die Eiermasse einrühren und fertigstellen. Eventuell mit Schnittlauch bestreuen.
Rührei mit Eierschwammerln: Eierschwammerl gut reinigen. Eine Pfanne ohne Fett oder Öl heiß werden lassen. Die Eierschwammerl darin (darf ruhig zischen) ihr Wasser herausschwitzen lassen. Dann in ein Sieb leeren, damit das Wasser abtropfen kann. Die so vorbereiteten Eierschwammerl in einer Pfanne mit Butter anschwitzen, wenig gehackten, frischen Liebstöckel dazugeben, danach die Eiermasse einrühren und fertigstellen.
Rührei mit Pilzen: Pilze (nach Geschmack und Saison) klein schneiden und in Butter oder Olivenöl anschwitzen, danach die Eiermasse einrühren und fertigstellen, mit Petersilie bestreuen.

Omelett

1 | 15 Minuten | ●●●

Zutaten

3	Eier
1 Schuss	Schlagobers
1 TL	Butter
	Salz
	Pfeffer

Zubereitung

1. Eier in einer Schüssel mit einem Schuss Schlagobers verschlagen und würzen.
2. Butter in einer Pfanne schmelzen.
3. Die Eier eingießen und anbraten.
4. Jetzt, wenn gewollt, mit einer Einlage bestreuen und auf kleiner Hitze zugedeckt oder im vorgeheizten Backrohr stocken und aufgehen lassen.
5. Das Omelett einrollen oder zusammenfalten und sofort servieren.

Wichtig bei einem Omelett ist, dass es aufgeht und danach leicht aus der Pfanne rutscht. Hier eignet sich eine beschichtete Pfanne am besten.

Variationen

Pilzomelett: Pilze säubern, blättern, in einer Pfanne mit heißer Butter anschwitzen, salzen und pfeffern. Die so vorbereiteten Pilze in das Omelett einstreuen.
Bauernomelett: Zwiebel und Speck in etwas Öl anschwitzen und danach mit den geschnittenen Tomaten in das Omelett einstreuen.
Spargelomelett: Gekochte Spargelstangen etwas klein schneiden und mit geriebener Zitronenschale in das Omelett einstreuen.
Trüffelomelett: Mit einem kleinen Schuss Trüffelöl oder gehobeltem schwarzem oder weißem Trüffel verfeinern.
Schinkenomelett, Käseomelett, Omelett mit Tomaten, Paprika und Kräutern

Brokkoli mit Rosinen-Nussbutter

2 | 30 Minuten | ●●●

Zutaten

1	Brokkoli
3 EL	Butter
20 g	Rosinen
60 g	gemischte Nüsse

Zubereitung

1. Den Brokkoli zuputzen und in Röschen teilen.
2. In leicht gesalzenem Wasser weichkochen (Vorsicht: Brokkoli zerkocht sehr schnell).
3. In der Zwischenzeit die Nüsse mit dem Schnitzelklopfer etwas zerkleinern.
4. Die Rosinen in einer Pfanne mit Butter aufschäumen und die Nüsse dazugeben.
5. Die gekochten Brokkoliröschen abtropfen lassen, anrichten und mit der Rosinen-Nussbutter überziehen.

Die Kombination des Brokkolis mit der Süße der Rosinen und dem Aroma der Nüsse beeindruckt die Geschmacksnerven. Dieses Gericht eignet sich auch sehr gut als Single-Hauptspeise oder als Beilage.

Imam Bayildi

Zutaten

1/2	Melanzani
150 g	Schafkäse
	Olivenöl
	Salz
	Pfeffer

Ist ein zum Niederknien gutes türkisches Gericht und heißt übersetzt „der Imam fiel in Ohnmacht". Als kleine Vorspeise oder für den kleinen Hunger.

Zubereitung

1. Melanzani in vier 1 cm dicke Scheiben schneiden.
2. In einer Pfanne mit Olivenöl beidseitig braten. (Vorsicht: Melanzani saugen das Olivenöl auf wie ein trockener Schwamm und geben es später beim Essen wieder ab, also nicht täuschen lassen).
3. Die gebratenen Melanzanischeiben leicht salzen und pfeffern. Den Schafkäse in circa 1/2 cm dicke Scheiben schneiden (hierfür eignen sich Rundausstecher in Melanzanigröße sehr gut) und die Melanzanischeiben damit belegen.
4. Backrohr auf Oberhitze schalten (höchste Stufe) und die Imam Bayildi überbacken. Sie sind fertig, wenn der Schafkäse braun wird.

Hühner-Gemüsesuppe mit Nudeln

Zutaten

1 l	Wasser
100 g	Hühnerbrust ohne Haut
100 g	Suppennudeln
1	Karotte
1/4	Knollensellerie
etwas	Lauch
10 g	Suppengewürz
	Salz
	Petersilie

Zubereitung

1. Das Hühnerfleisch in kleine Würfel schneiden. Das Gemüse schälen und ebenfalls in kleine Würfel schneiden.
2. Alle Zutaten bis auf die Petersilie in einen Druckkochtopf geben, verschließen und auf voller Hitze Druck aufbauen, zurückschalten und 5 Minuten unter Druck kochen lassen.
3. Abschmecken und mit gehackter Petersilie vollenden.

Grammelsuppe

Zutaten

100 g	Grammeln
1	Knoblauchzehe
1 TL	Mehl
1/2 l	Wasser
1 Spr.	Hesperiden-Essig
5 g	Suppengewürz

Zubereitung

1. Die Hälfte der Grammeln fein hacken und in einem Topf anrösten.
2. Knoblauch fein hacken und etwas mit anschwitzen.
3. Das Mehl dazugeben, gut verrühren und mit Wasser ablöschen.
4. Mit Essig säuern und mit Suppengewürz würzen.
5. Mit Schnittlauch bestreuen und servieren.

In der Steiermark heißt diese Suppe auch „Saure Suppe“ und wird mit „Bluttommerl“ (➜ S. 96) als Einlage serviert.

Panadel-Suppe

Zutaten

1	Semmel, altbacken
1/2 l	Wasser
10 g	Suppengewürz
1	Ei

Zubereitung

1. Die Semmel in Wasser mit Suppengewürz weichkochen und mit dem Schneebesen verschlagen.
2. Das Ei einschlagen und mit dem Schneebesen vorsichtig durchziehen, sodass gelbe und weiße Eifäden entstehen.
3. Abschmecken.

Legierte Grießsuppe

Zutaten

20 g	Butter
40 g	Weizengrieß
900 ml	Wasser
20 g	Suppengewürz
1	Karotte
70 ml	Schlagobers
1	Eidotter

Zubereitung

1. Weizengrieß in Butter ohne Farbe anschwitzen.
2. Mit Wasser aufgießen und würzen.
3. Karotte schälen und mit dem Reibeisen fein reiben, zur Suppe geben und etwa 8 Minuten bei milder Hitze kochen lassen.
4. Die Suppe vom Herd nehmen, Schlagobers mit Eidotter verschlagen und in die Suppe einrühren.

Unter Legieren versteht man, ein Gericht mit Eidotter zu binden und gelb einzufarben. Die Suppe soll dann nicht mehr kochen.

Steirisches Wurzelfleisch

Schnelle Version aus dem Druckkochtopf

Zutaten

4	Scheiben magere Schweinsbrust
1/2 l	Wasser
	Hesperiden-Essig
	Salz
	Kümmel, gemahlen
	Pfefferkörner
	Wacholderbeeren
1	Lorbeerblatt
1/2	Karotte
etwas	Sellerie
1/4	Stange Lauch
2	Erdäpfel
	Kren, frisch gerieben

Zubereitung

1. Erdäpfel, Karotten, Sellerie schälen und mit Lauch mundgerecht klein schneiden.
2. Wasser in den Druckkochtopf gießen, mit Essig säuern, salzen und würzen.
3. Das Gemüse dazugeben, mit den Schweinsbrustscheiben belegen.
4. Den Topf verschließen und auf dem Herd auf höchster Stufe Druck aufbauen.
5. Zurückschalten und 12 Minuten unter Druck garen.
6. Mit frisch geriebenem Kren bestreut servieren.

Szegediner Gulasch

4 | 30 Minuten | ●●●

Zutaten

1/2 kg	ausgelöste Schweinsbrust
	Öl
3	Zwiebel
4	Knoblauchzehen
30 g	Paprikapulver, edelsüß
20 ml	Hesperiden-Essig
1/2 l	Wasser
8 g	Salz
	Pfeffer
	Majoran
	Kümmel, gemahlen
5 g	Suppengewürz
1	Lorbeerblatt
1/2 kg	rohes Sauerkraut
1 EL	Sauerrahm
1 TL	Mehl
1 Prise	Zucker
1 TL	Sauerrahm zum Garnieren

Zubereitung

1. Zwiebel kleinwürfelig schneiden und im Druckkochtopf mit etwas Öl hellbraun anschwitzen. Knoblauch schälen, ebenfalls kleinwürfelig schneiden und etwas mitschwitzen.
2. Das Fleisch in grobe Würfel schneiden und dazugeben.
3. Den Topf vom Herd nehmen und das Paprikapulver einrühren, mit Essig ablöschen und mit Wasser auffüllen, Gewürze sowie das Suppengewürz dazugeben.
4. Das Sauerkraut (wenn sehr sauer) waschen, ausdrücken und unter das Gulasch rühren.
5. Den Topf verschließen und auf dem Herd auf höchster Stufe unter Druck bringen, zurückschalten und etwa 15 Minuten garen.
6. Druck ablassen, den Deckel öffnen. Sauerrahm mit etwas Wasser und Mehl glattrühren und das Gulasch damit binden.
7. Abschmecken, Zucker mildert dabei die Säure.
8. Anrichten, mit einem Teelöffel Sauerrahm garnieren.

Als Beilage empfehle ich Salz- oder Petersilerdäpfel (➔ S. 139).

Nudelauflauf

2 | 25 Minuten | ●●●

Zutaten

160 g	Spiralnudeln
250 ml	Wasser
1/8 l	Schlagobers
150 g	Schinken
5 g	Suppengewürz
	Salz
	Pfeffer
100 g	geriebener Käse

Zubereitung

1. Nudeln, Wasser und Schlagobers in einen Druckkochtopf geben. Schinken in Würfel schneiden, dazugeben und mit Suppengewürz, Salz und Pfeffer würzen.
2. Den Topf verschließen und auf dem Herd auf höchster Stufe Druck aufbauen, zurückschalten und etwa 5 Minuten garen. Danach die Herdplatte abschalten und den Nudelauflauf zehn Minuten unter Druck stehen lassen.
3. Die Herdplatte auf Stufe eins zurückschalten, nach fünf Minuten ganz abschalten und den Nudelauflauf zehn Minuten unter Druck stehen lassen.
4. Den Druck ablassen, den Deckel öffnen und umrühren. Die Nudeln müssten jetzt die ganze Flüssigkeit aufgesogen haben.
5. Den Käse darauf streuen, den Deckel wieder verschließen und noch etwa drei Minuten stehen lassen, damit der Käse schmilzt.

Geeignete Käsesorten sind je nach Geschmack verschiedene Hart- oder Schnittkäse wie Emmentaler, Appenzeller, Raclettekäse, Edamer, Gouda oder Butterkäse.

Erdäpfelpuffer

2 | 20 Minuten | ●●●

Zutaten

5 mittelgroße Erdäpfel
Salz
Pfeffer

Butter oder
Butterschmalz

zum Braten

Zubereitung

1. Die Erdäpfel schälen und mit einem Reibeisen fein reiben.
2. Die Erdäpfelmasse danach sofort gut mit kaltem Wasser waschen. Dadurch wird die Stärke herausgewaschen und die Puffer bleiben schön locker.
3. In ein Sieb geben und das Wasser gut ausdrücken.
4. Die Erdäpfel salzen (aber nicht zu viel) und pfeffern.
5. Laibchen formen und in einer Pfanne mit etwas Öl goldgelb braten.

Erdäpfelpuffer können solo mit Sauerrahm und Schnittlauch klassisch serviert werden. Anstatt Schnittlauch können Sie den Sauerrahm mit einem Löffel Lachskaviar garnieren. Besonders gut schmecken Erdäpfelpuffer belegt mit einer Scheibe Mozzarella, Schaf oder anderem Käse.

Palatschinken

4 Stück | ⏱ 15 Minuten | ●●●

Zutaten

170 ml Milch
2 Eier
70 g glattes Mehl
3 g Salz

Butter oder Butterschmalz zum Braten

Zubereitung

1. Alle Zutaten mit dem Schneebesen zu einem glatten Teig verrühren. In einer Pfanne Butter erhitzen, Teig dünn eingießen und beidseitig bis zur gewünschten Bräunung braten.
2. Mit Butter werden die Palatschinken am besten! Nach jeder Palatschinke die Pfanne erneut mit ein wenig Butter ausfetten.

Variationen

Süß

Marmeladepalatschinken: gefüllt mit jeder Art Marmelade
Böhmische Palatschinken: gefüllt mit Powidl und gemahlenem Mohn. Nach dem Anrichten mit Schokoladensoße (➜ S. 190) garnieren
Erdbeerpalatschinken: Dazu die Erdbeeren zuerst grob schneiden und mit etwas Staubzucker süßen.
Waldbeerpalatschinken: Waldbeeren auftauen, die überschüssige Flüssigkeit aufkochen, mit etwas Stärkemehl binden und wieder zu den Beeren geben. Mit 2 EL Marillenmarmelade, 1 EL Honig und etwas Lebkuchengewürz abschmecken.
Schoko-Palatschinken: gefüllt und garniert mit Schokoladensoße (➜ S. 190) sowie geriebenen und gerösteten Haselnüssen.
Bananen-Nutella-Palatschinken: gefüllt mit Bananenscheiben und Nutella.
Topfenpalatschinken (➜ S. 172)

Pikant

Räucherlachs-Palatschinken: gefüllt mit Räucherlachsscheiben und Crème fraîche
Spinat-Schafkäse-Palatschinken: Blattspinat mit etwas Salz und Muskatnuss würzen. Schafkäse in kleine Würfel schneiden und die Palatschinken damit füllen. Im Backrohr bei 180 °C ein paar Minuten heiß werden lassen.
Schinken-Palatschinken: Schinken in feine Streifen schneiden und mit je einem Esslöffel Crème fraîche in die Palatschinken füllen.
Prosciutto-Rucola-Palatschinken: gefüllt mit hauchdünn geschnittenem Prosciutto und Rucola.
Avocado-Shrimps-Palatschinken: gefüllt mit Avocadospalten und kurz angebratenen Shrimps.

Kaiserschmarren

2 | 30 Minuten 15 Minuten |

Zutaten

250 ml	Milch
3	Eier
100 g	glattes Mehl
5 g	Salz
20 g	Butterschmalz
20 g	Rosinen
20 g	Kristallzucker
20 g	Butter
	Kristallzucker zum Bestreuen

Zubereitung

1. Milch, Eier, Mehl und Salz mit dem Schneebesen zu einem glatten Teig verrühren und 15 Minuten rasten lassen.
2. In einer Pfanne Butterschmalz erhitzen, den Teig eingießen und bei milder Hitze braun anbacken.
3. Die Rosinen einstreuen, den Teigkuchen wenden und ebenfalls braun backen.
4. Wenn der Teigkuchen durchgebacken ist, diesen mit zwei Gabeln in kleine Stücke reißen.
5. Butter und Zucker dazugeben und weiterbacken, bis der Zucker schmilzt und die gewünschte Bräune erreicht ist.
6. Anrichten und mit Kristallzucker bestreuen.

Klassisch reicht man dazu einen Zwetschkenröster (➜ S. 186) oder Apfelmus.

Vanilleeis mit Kürbiskernöl

Zutaten

8	Kugeln Vanilleeis (➜ S. 158)
	Kürbiskernöl

Zubereitung

1. Mit einem Eisportionierer Vanilleeiskugeln ausstechen, in einer Schüssel oder auf einem Teller anrichten und mit ein paar Tropfen Kürbiskernöl beträufeln.

Nicht zu viel Öl, damit das Eis nicht zu ölig wird. Schlagobers passt nicht zu diesem Gericht.

Das Bodenständige

Schafkäse-Terrine

10 | 45 Minuten |

Zutaten

250 g	Schafkäse
250 g	Topfen
1/8 l	Schlagobers
1 kleine	Zwiebel
10 g	Dill
1	Salatgurke (circa 300 g)
7 Blatt	Gelatine
8 g	Salz

Zubereitung

1. Die Gelatine in kaltem Wasser einweichen.
2. Schafkäse durch ein Haarsieb streichen.
3. Die Gurke schälen, in kleine Würfel (circa 4 mm) schneiden. Zwiebel und Dill fein schneiden.
4. Schafkäse, Topfen, Zwiebel, Dill und Gurken vermischen.
5. Gelatine aus dem Wasser nehmen, abtropfen lassen und im Wasserbad leicht erwärmen, sodass sie sich auflöst.
6. Die flüssige Gelatine in die Topfenmasse einrühren.
7. Schlagobers halb steif aufschlagen und unterheben.
8. Eine Terrinenform mit Frischhaltefolie auslegen, die Masse einfüllen und kaltstellen.

Eierschwammerlsulz

Zutaten

400 g	Eierschwammerl
2	Eier
150 ml	Wasser
40 ml	Sherry-Essig oder Weißweinessig
10 g	Suppengewürz
3 g	Salz
	Pfeffer
5 Blatt	Gelatine (12 g)
	Liebstöckel
	Petersilie
	Vogerlsalat und Distelöl zum Anrichten

Zubereitung

1. Eierschwammerl putzen, gut waschen und gegebenenfalls kleiner schneiden.
2. Eine Pfanne erhitzen, Eierschwammerl ohne Fett hineingeben und im Wasser, das austritt, sautieren.
3. Die Eierschwammerl in ein Sieb gießen, die restliche Flüssigkeit wegschütten.
4. Gelatine in kaltem Wasser einweichen.
5. Wasser mit Essig und Gewürzen aufkochen.
6. Gelatine darin auflösen, nicht mehr kochen lassen.
7. Aus den Eiern eine Eierspeise (→ S. 26) herstellen.
8. Eierschwammerl mit der Eierspeise, gehacktem Liebstöckel und Petersilie sowie Gelatineflüssigkeit verrühren und abschmecken.
9. Form mit Frischhaltefolie auslegen, Masse einfüllen und im Kühlschrank stocken lassen.
10. Mit Vogerlsalat anrichten und mit etwas Distelöl beträufeln.

Gänse- oder Entenleber-Terrine

8 | 45 Minuten | 6 Stunden | ●●●

Zutaten

250 g	Gänse- oder Entenleber
10 ml	Calvados
10 ml	Portwein
7 g	Kristallzucker
7 g	Salz
1 Prise	Pfeffer
1 Prise	Muskatnuss
1 Prise	Ingwer, gemahlen
1 Prise	Zimt, gemahlen
1 Msp.	Gewürznelken, gemahlen
200 g	Gänse- bzw. Entenfett oder Butter
1/2	Apfel
1/2	Zwiebel
1 TL	Majoran
1 TL	Thymian
2	Eier

Zubereitung

1. Die Leber klein schneiden, mit Calvados, Portwein, Salz, Zucker, Pfeffer, Ingwer, Muskatnuss, Zimt und wenig Nelkenpulver marinieren und mindestens 2 Stunden ziehen lassen.
2. In der Zwischenzeit das Backrohr auf 150 °C aufheizen, eine Bratenrein 3 Finger hoch mit heißem Wasser füllen und ins Backrohr stellen.
3. Zwiebel und Apfel schälen, klein schneiden und mit Majoran und Thymian in Entenfett oder Butter langsam und gut auskochen, danach das Fett durch ein Sieb passieren und die Äpfel, Zwiebel und Gewürze gut ausdrücken.
4. Die marinierte Leber im Standmixer fein pürieren.
5. Den Standmixer auf eine hohe Stufe einstellen, langsam das warme Fett in die Lebermasse eingießen, danach die Eier einmixen und abschmecken.
6. Eine Terrinenform mit Frischhaltefolie auslegen, die Masse einfüllen und mit Folie verschließen.
7. Die Form ins Wasserbad (es soll jetzt 80 °C haben) stellen und etwa eine 45 Minuten garen.
8. Die Form aus dem Backrohr nehmen und auskühlen lassen, anschließend im Kühlschrank vollkommen erkalten lassen.

Wenn die Terrine kalt ist, aufschneiden und mit Preiselbeermarmelade und Toast servieren. Mit Entenfett wird die Terrine besonders fein. Für dieses Gericht braucht man jedoch unbedingt einen Cutter oder Standmixer.

Salate und Marinaden

Das Thema Salat ist sehr umfangreich und bietet so viele Kombinationsmöglichkeiten von Essigen, Ölen und Gewürzen, dass es kürzer und effektiver ist, Ihnen die Philosophie zu erklären, als ein bestimmtes Dressingrezept anzuführen. Wichtig ist, frischen Salat zu verwenden, dies erkennt man am Strunk – die Schnittfläche muss hell und saftig sein, die Deckblätter knackig und nicht abgeschnitten!

Grüner Salat ist mild und weich, ebenso Vogerlsalat, Rucola, Lollo rosso und Eichblatt. Löwenzahn, Frisée, Chicorée, Radicchio und auch Endivie sind Bittersalate und brauchen etwas mehr Zucker, um im Geschmack rund zu werden.

Um einen Salat gut zu marinieren, benötigen Sie selbstverständlich Säure, sprich Essig, aber auch Zitrusfrüchte, Pfirsiche, Mangos, Grapefruits etc. können als aromatische Säure-Spender verwendet werden.

Dann sind da noch die Öle. Das meist verwendete ist sicher Olivenöl, aber es gibt noch viele andere wie Kürbiskernöl, Walnussöl, Erdnussöl, Distelöl, Leinöl, Traubenkernöl, Leindotteröl, Steinpilzöl ...

An Gewürzen verwendet man Salz, Pfeffer, Zucker und Kräuter.

Besonders raffiniert wird ein Salat, wenn noch etwas Knuspriges daraufgestreut wird, etwa geröstete Kürbiskerne, Pinienkerne oder Weißbrotwürfel, gehackte Walnüsse oder knuspriger Speck.

Dressings oder Marinaden sind ein Spiel der Säure mit Gewürzen, Öl und den Salaten. Ganz einfach zum Beispiel ist ein grüner Häuptelsalat nur mit Zitronensaft und Olivenöl mariniert – ein Traum an heißen Sommertagen.

Man sollte Salat zweimal waschen. Dann am besten in einer Salatschleuder trocken schleudern. Jetzt wird er mit Salz, Pfeffer und Zucker gewürzt. Der Zucker ist wichtig, er senkt die Säurespitze des Essigs und mildert die Bitterkeit mancher Salate. Nun mariniert man mit etwas Essig (nicht zu viel) und Öl, schließlich schmeckt man ihn ab.

Um den Salat aufzuwerten, schneide ich Tomaten, Gurken oder Paprika hinein. Auch in Olivenöl angebratene Zucchinischeiben sind sehr bekömmlich und bestechen durch den Warm-Kalt-Effekt. Vielleicht noch etwas Schafkäse darauf? In Bittersalaten macht ein heißer geschnittener Erdapfel eine gute Figur und rundet hervorragend den Geschmack ab. Kaufen Sie Essige und Öle bester Qualität!

Hier einige meiner liebsten Salatvariationen:

- Rucolasalat mit blättrig geschnittenem Pfirsich, Balsamicoessig und Olivenöl
- Rucolasalat mit Balsamicoessig, Olivenöl und gehobeltem, frischem Parmesan
- Vogerlsalat mit Himbeeressig und Walnussöl
- Warmer Erdäpfelsalat mit Vogerlsalat und Kernöl
- Endiviensalat mit heißen Erdäpfelscheiben, Hesperiden-Essig und Kürbiskernöl
- Karottensalat mit Mango, Sojasoße, Zitronensaft und Sesamöl
- Bittersalate mit Weintrauben und Apfelspalten

Gebundenes Balsamico-Dressing

Zutaten

1	Eidotter
1 Prise	Salz
1 Prise	Zucker
	Pfeffer
	Worcestersauce
1 TL	Sauerrahm
60 ml	Balsamico-Essig
1/8 l	Öl
20 ml	Wasser

Zubereitung

1. Dotter mit Sauerrahm und den Gewürzen verrühren.
2. Balsamico nach und nach einschlagen.
3. Das Öl unter starkem Schlagen langsam einlaufen lassen.
4. Wasser langsam einlaufen lassen.

Das Dressing darf wie eine Mayonnaise die Bindung nicht verlieren. Das geht am besten mithilfe eines Stab- oder Standmixers.

Apfelmost-Dressing

Zutaten

60 ml	Apfelessig 6 %
40 ml	Apfelmost oder -saft
40 ml	Balsamico-Essig
80 ml	Wasser
	ein paar Tropfen Zitronensaft
1 TL	Honig
	Salz
	Pfeffer
60 ml	Olivenöl

Zubereitung

1. Alle Zutaten bis auf das Öl im Mixbecher aufmixen.
2. Das Öl langsam einlaufen lassen und so lange mixen, bis eine leichte Bindung entsteht.

Wenn sich das Öl wieder oben absetzt, mit dem Schneebesen oder Stabmixer kurz aufschlagen.

Erdäpfelsalat

4 | 45 Minuten | ●●●

Zutaten

1 kg	Erdäpfel
1 kleine	Zwiebel
1/8 l	Wasser
5 g	Suppengewürz
2 EL	Estragon-Senf
30 ml	Hesperiden-Essig
8 g	Salz
1 Prise	Pfeffer
30 ml	Öl

Zubereitung

1. Die Erdäpfel mit der Schale kochen, dann schälen und noch warm in Scheiben schneiden.
2. Wasser mit Suppengewürz, Senf und Gewürzen verrühren, einmal aufkochen, heiß zu den Erdäpfeln geben und etwa 5 Minuten ziehen lassen.
3. Zwiebel klein schneiden und zum Erdäpfelsalat gießen.
4. Öl dazugeben und alles gut vermischen, abschmecken und ziehen lassen.

Erdäpfel dürfen auf keinen Fall nach dem Kochen kalt abgeschreckt werden und sollen möglichst warm verarbeitet werden, nur dann saugen sie die ganze Marinade in sich auf.

Erdäpfel-Vogerlsalat

Zutaten

100 g	Vogerlsalat
1 Prise	Salz
10 ml	Himbeeressig
20 ml	Walnussöl oder Kürbiskernöl
	Erdäpfelsalat (→ S. 44)

Zubereitung

1. Marinieren Sie den gewaschenen Vogerlsalat mit etwas Salz und Himbeeressig.
2. Richten Sie den Erdäpfelsalat auf den Tellern an.
3. Setzen Sie den Vogerlsalat auf den Erdäpfelsalat und begießen Sie ihn mit etwas Walnuss- oder Kürbiskernöl.

Krautsalat

5 | 30 Minuten | ●●●

Zutaten

1	Krautkopf (circa 1 kg)
10 g	Salz
2 g	Kümmel
60 ml	Hesperiden-Essig
90 ml	Öl

Zubereitung

1. Den Krautkopf zuputzen, den Strunk herausschneiden und das Kraut mit einem Krauthobel in Streifen hobeln. Das Kraut soll jetzt etwa 3/4 kg wiegen.
2. Das Kraut mit Salz und Kümmel würzen, mit den Händen gut einarbeiten und anschließend 10 Minuten ziehen lassen.
3. Mit Essig säuern.
4. Schließlich das Öl dazugeben, gut vermischen und abschmecken.

Krautsalat mit Speck

Zutaten

1	Krautkopf (circa 1 kg)
10 g	Salz
2 g	Kümmel
120 g	Hamburger Speck
60 ml	Hesperiden-Essig
1/8 l	warmes Wasser
90 ml	Öl

Zubereitung

1. Den Krautkopf zuputzen, den Strunk herausschneiden und das Kraut mit dem Krauthobel in Streifen hobeln. Das Kraut soll jetzt etwa 3/4 kg wiegen.
2. Das Kraut mit Salz und Kümmel würzen, mit den Händen gut einarbeiten und anschließend 10 Minuten ziehen lassen.
3. In der Zwischenzeit den Speck in Würfel schneiden und in der Pfanne mit etwas Öl rösten lassen.
4. Den heißen Speck, Essig und warmes Wasser unter das Kraut mischen.
5. Schließlich das Öl dazugeben.
6. Abschmecken und warm servieren.

Steirischer Rohkostsalat

4 | 20 Minuten |

Zutaten

1	Kohlrabi
1 kleiner	Stangensellerie
2	Karotten
1/4 Kopf	Endiviensalat
20 g	Kürbiskerne
	Salz
	Pfeffer
	Zucker
	Sherry-Essig
	Olivenöl
	Kürbiskernöl

Zubereitung

1. Kohlrabi und Karotten schälen und in feine Streifen schneiden, den Stangensellerie in feine Scheiben schneiden.
2. Endiviensalat waschen, in Streifen schneiden, erneut waschen und schleudern.
3. Die Kürbiskerne mit wenig Butter und Salz rösten, anschließend auf Küchenpapier abtropfen lassen.
4. Das Gemüse mit dem Salat in eine Schüssel geben, würzen, mit Essig marinieren und mit den Ölen vollenden.

Ein erfrischender Salat, der für jede Jahreszeit mit Saisonsalat adaptiert werden kann (Vogerlsalat, Rucola, Radicchio …)

Käferbohnensalat

2 | 3 Stunden

24 Stunden |

Zutaten

50 g	Käferbohnen
	Wasser
300 ml	Wasser
1	Knoblauchzehe
	Salz
30 ml	Hesperiden-Essig
80 ml	Wasser
1/2	kleine Zwiebel, kleinwürfelig geschnitten
	Salz
	Pfeffer

Zubereitung

1. Käferbohnen am Vortag in Wasser einweichen.
2. Am nächsten Tag abseihen.
3. Die Bohnen dann in Wasser mit Salz und einer geschälten Knoblauchzehe bei milder Hitze weichkochen (das kann bis zu 3 Stunden dauern).
4. Abseihen und mit Essig, Wasser, Zwiebel und Gewürzen marinieren.

Man kann auch Dosenbohnen verwenden, dann erspart man sich das Einweichen über Nacht und das Kochen.

Spargelsalat

Zutaten

1 kg	Spargel, weiß oder grün
3	bunte Paprika
	Salz
	Zucker
	Pfeffer
	Sherry-Essig
	Distelöl

Zubereitung

1. Spargel kochen (➜ S. 100) und im Sud auskühlen lassen.
2. Den Spargel in circa 5 cm lange Stücke schneiden, dicke Spargelstangen längs halbieren.
3. Paprika in kleine Würfel schneiden, mit dem Spargel vermischen.
4. Den Spargelsalat würzen und mit Essig und Öl marinieren.

Italienischer Nudelsalat

mit Artischocken

Zutaten

300 g	Penne
200 g	Artischockenherzen
120 g	grüne Oliven ohne Kern
40 g	Kapern
60 ml	Sherry-Essig
60 ml	Distelöl
60 g	Cocktailtomaten
60 g	Pinienkerne
	Frisches Basilikum

Zubereitung

1. Pinienkerne trocken bei mäßiger Hitze in einer Pfanne zur leichten Bräune rösten.
2. Penne in reichlich kochendem Salzwasser etwa 11 Minuten al dente (bissfest) kochen.
3. Artischockenherzen in Viertel schneiden, Oliven in Scheiben schneiden und mit Kapern und Sherry-Essig verrühren.
4. Die gekochten Nudeln abseihen, gut abtropfen lassen und sofort in die Artischocken-Oliven-Kapern-Marinade einrühren und etwa 10 Minuten marinieren lassen. Danach das Distelöl einrühren.
5. Cocktailtomaten halbieren und kurz vor dem Anrichten mit geschnittenem Basilikum unter den Salat mischen.
6. Anrichten und mit Basilikum und gerösteten Pinienkerne garnieren.

Die Nudeln auf keinen Fall nach dem Kochen mit kaltem Wasser abspülen, denn nur so können sie die Essigmarinade in sich aufsaugen.

Echte Rindssuppe

4 | 2 Stunden | ●●●

Zutaten

2 l	Wasser
1/4 kg	Rindfleisch zum Kochen
1	Karotte
1/2	Knollensellerie
1	Petersilienwurzel
8	Pfefferkörner
4	Wacholderbeeren
2	Lorbeerblätter
etwas	Muskatnuss
	Salz
	Liebstöckel

Zubereitung

1. Wasser zustellen und zum Kochen bringen.
2. Das Fleisch kalt abwaschen und in die Suppe legen.
3. Leicht salzen und etwa eine 3/4 Stunde sieden lassen. Den entstehenden Schaum dabei immer abschöpfen (sonst wird die Suppe trüb).
4. Karotte, Sellerie und Petersilienwurzel schälen und mit den Gewürzen zur Suppe geben. Wenn Sie ein paar Zwiebelschalen dazugeben, erhält die Suppe eine goldbraune Farbe. Das Fleisch und das Gemüse etwa eine 1/2 Stunde weich köcheln lassen.
5. Abseihen und mit dem Liebstöckel aromatisieren.

Falls Ihnen die Suppe im Geschmack noch zu dünn erscheint, können Sie diesen mit etwas Suppengewürz noch verstärken.
Das gekochte Rindfleisch und das Gemüse können mit Suppennudeln als Suppeneinlage oder als Hauptspeise mit diversen Beilagen gereicht werden.

Rindssuppe aus Rindsknochen

Zutaten

Dieselben Zutaten wie im Rezept „Echte Rindssuppe“. Allerdings verwenden Sie anstelle von Fleisch 1/2 kg Rindsknochen.

Zubereitung

1. Die Knochen in kaltem Wasser zustellen und zum Kochen bringen, danach das Kochwasser wegschütten und die Knochen in kaltem Wasser komplett abkühlen lassen.
2. Die so vorgekochten Knochen in 2 l kaltem Wasser zustellen und langsam zum Kochen bringen. Den entstehenden Schaum dabei immer abschöpfen und fortfahren wie im Rezept „Echte Rindssuppe“ ab Anleitungsschritt 4.

Hühnersuppe

4 | 1,5 Stunden |

Zutaten

2 l	Wasser
1	Hendlkarkasse
1	Karotte
1/2	Knollensellerie
1	Petersilienwurzel
1	Zwiebel
8	Pfefferkörner
4	Wacholderbeeren
2	Lorbeerblätter
etwas	Muskatnuss
	Salz
	Liebstöckel

Zubereitung

1. Die Hendlknochen in kaltem Wasser mit dem Suppengemüse kalt zustellen und langsam zum Kochen bringen. Den entstehenden Schaum dabei immer abschöpfen (sonst wird die Suppe trüb).
2. Nach circa 1/2 Stunde Kochzeit die Gewürze bis auf das Salz dazugeben.
3. Nach 1 weiteren Stunde Kochzeit die Suppe abseihen und mit Salz und Liebstöckel abschmecken.
4. Das Gemüse kann als Einlage verwendet werden.

Falls Ihnen die Suppe im Geschmack zu dünn erscheint, können Sie diesen mit etwas Suppengewürz noch verstärken.

Zwiebelsuppe

Zutaten

30 g	Butterschmalz
150 g	Zwiebeln
30 ml	Weißwein
900 ml	Wasser
1/2 TL	Thymian
1	Lorbeerblatt
10 g	Suppengewürz
7 g	Salz

Zubereitung

1. Zwiebeln in feine Streifen schneiden und in einem Topf mit Butterschmalz hellgelb anschwitzen.
2. Thymian dazugeben, mit Weißwein ablöschen und mit Wasser auffüllen.
3. Die Zwiebelsuppe aufkochen lassen, würzen und abschmecken.

Klare Gemüsesuppe

4 | 30 Minuten | ●●●

auch Fasten-, Kohl- oder Krautsuppe genannt

Zutaten

	Wasser
	verschiedenes Gemüse (z. B. Kraut, Paprika, Karotten, Stangensellerie, Karfiol)
1 Dose	geschälte Tomaten
	Suppengewürz
	Salz
	Pfeffer
2	Lorbeerblätter

Zubereitung

1. Verschiedenes Gemüse (was zur Hand ist) zuputzen und etwas klein schneiden.
2. Das Gemüse in einen Topf geben, die geschälten Tomaten dazugeben und mit kaltem Wasser auffüllen, bis alles bedeckt ist.
3. Zum Kochen bringen und mit Suppengewürz, Salz und Pfeffer würzen.
4. Die Suppe circa 15 Minuten leicht köcheln lassen.

Diese Suppe kann eine Diät zum Genussprojekt machen. Man kann alles Gemüse, das im Kühlschrank (oder auch im Tiefkühlfach) liegt, verwerten.
Mehr Würze, aber natürlich auch Kalorien bekommen Sie, indem Sie eine aufgeschnittene Debrecziner der Suppe hinzugeben.

Grießnockerl

8 | 15 Minuten 40 Minuten |

Zutaten

1	Ei
	weiche Butter
	Grieß
	Salz
	Muskatnuss, frisch gemahlen

Zubereitung

Das Rezept hängt vom Gewicht des Eies ab.
Die Formel lautet: eischwer Butter, doppelt Grieß.

1. Die sehr weiche Butter mit dem Ei gut verschlagen (das kalte Ei kühlt die warme Butter so weit herunter, dass Sie einen schönen Butterabtrieb erhalten.
2. Salz, Muskatnuss und Grieß unterheben.
3. Die Masse etwa 20 Minuten rasten lassen.
4. Einen Esslöffel in heißes Wasser tauchen und Nockerl formen.
5. Diese in kochendes Salzwasser einlegen, einmal aufkochen lassen, vom Herd nehmen und zugedeckt 20 Minuten ziehen lassen.

Damit Grießnockerl richtig schön aufgehen, muss man beim Kochen folgende Regeln befolgen: Die Nockerl in kochendes Wasser einlegen, damit das Ei, das in der Masse ist, am Rand des Nockerls sofort fest wird und einen schützenden Mantel aufbaut. Jetzt den Topf vom Herd nehmen und die Nockerl unbedingt zugedeckt 20 Minuten ziehen lassen, bis der Grieß aufgeht und die Nockerl auf das Vierfache anschwellen.

Holzhacker-Grießnockerl

Zutaten

50 g	Butter
1	Ei
30 g	Weizengrieß
35 g	Holzhackergrieß (grob gemahlener Weizenvollgrieß)
35 g	Polenta
	Salz
	Muskatnuss

Zubereitung

1. Aus Butter und Ei einen Abtrieb herstellen und würzen.
2. Grieß und Polenta mit Gewürzen unterheben.
3. Etwa 20 Minuten kühl rasten lassen.
4. Nockerl formen und in kochendem Salzwasser eine Minute kochen lassen.
   Dann den Topf vom Herd nehmen und die Nockerl etwa 20 Minuten zugedeckt ziehen lassen.

Butternockerl

5 | 20 Minuten 45 Minuten | ●●●

Zutaten

40 g Butter, zimmerwarm
1 Eidotter
1 Eiklar
45 g griffiges Mehl
Salz
1 Prise Muskatnuss

Wenn es Kräuternockerl werden sollen:
Kräuter (z. B. Petersilie, Liebstöckel, Dill, Kerbel …)

Zubereitung

1. Weiche Butter mit Eidotter, Salz und Muskatnuss schaumig schlagen.
2. Eiklar zu Schnee schlagen.
3. Mit einem Kochlöffel den Eischnee, das Mehl und, wenn es Kräuternockerl werden sollen, die fein gehackten Kräuter unterheben.
4. Die Masse im Kühlschrank etwa 30 Minuten rasten lassen.
5. Mit einem Esslöffel von der Masse Nockerlportionen entnehmen, in der nassen hohlen Innenhand zu Nockerln formen und in leicht kochendes Salzwasser einlegen.
6. Nach etwa 2 Minuten Kochzeit die Nockerl wenden, den Topf vom Herd nehmen und zugedeckt etwa 10 Minuten durchziehen lassen.

Reibkasnockerl

4 | 20 Minuten | ●●●

Zutaten

20 g Butter
1 Ei
20 g Parmesan
60 g Emmentaler
40 g Semmelbrösel
6 g Mehl
Salz

Zubereitung

1. Butter schaumig rühren.
2. Das Ei trennen, den Eidotter in die Butter einschlagen und salzen.
3. Parmesan und Emmentaler reiben und unter die Masse rühren.
4. Aus dem Eiklar Schnee schlagen und mit den Bröseln und dem Mehl unter die Masse heben.
5. Masse ein paar Minuten kühl rasten lassen.
6. Mit einem Esslöffel Nockerl formen und diese in kochendes Salzwasser geben, nach etwa 2 Minuten die Nockerl umdrehen und leicht köchelnd etwa 5 Minuten durchziehen lassen.
7. Am besten in Rindssuppe mit Schnittlauch und Gemüsestreifen servieren.

Kaspresknödel

Zutaten

2 EL	Butter
1/2	Zwiebel
110 g	Knödelbrot
100 g	Bierkäse
70 ml	Milch
2	Eier
1 Prise	Salz
1 Prise	Muskatnuss
	Petersilie
1 TL	glattes Mehl

Zubereitung

1. Zwiebel feinwürfelig schneiden, den Bierkäse in etwa 1 cm große Würfel schneiden.
2. In einem Topf die Zwiebel in Butter goldbraun rösten, mit der Milch ablöschen und kurz erwärmen (nicht zu heiß). Die Eier dazugeben und gut verschlagen.
3. Knödelbrot, Käsewürfel und Gewürze in eine Schüssel geben.
4. Die Eiermilch mit dem Knödelbrot gut abmischen und einige Minuten ziehen lassen.
5. Nun das Mehl untermischen.
6. Laibchen formen und in einer Pfanne mit Öl beidseitig goldbraun braten.
7. Die Knödel etwa 6 Minuten in Salzwasser kochen.

Klassisch, wie im Gasthof Krimpelstätter in Salzburg, werden die Knödel 6 Minuten in Salzwasser gekocht und anschließend in Zwiebelsuppe (➜ S. 49) serviert. Sehr gut schmecken sie auch, wenn anstelle des Bierkäses Schafkäse verwendet wird. Ebenfalls in der Pfanne goldbraun anbraten, im vorgeheizten Backrohr durchziehen lassen und mit Krautsalat oder einem anderen Salat servieren. Für diese Variante aber im Rezept unbedingt das Mehl weglassen.

Speckknödel

4 | 30 Minuten |

Zutaten

70 g	Knödelbrot
20 g	Butter
70 g	Hamburger Speck
1/2	Zwiebel
60 ml	Milch
1	Ei
	Salz
	Muskatnuss
	Petersilie
1 TL	glattes Mehl

Zubereitung

1. Zwiebel und Speck in kleine Würfel schneiden und in Butter hellbraun anrösten.
2. Mit Milch aufgießen, Topf vom Herd nehmen, Ei einschlagen.
3. Alle Zutaten bis auf das Mehl miteinander vermischen.
4. Die Masse etwa 10 Minuten ziehen lassen, danach das Mehl in die Masse einarbeiten.
5. Kleine Knödel formen und in kochendem Salzwasser 5 Minuten durchkochen.
6. In heißer Rindssuppe mit Schnittlauch servieren.

Tiroler Bergnocken

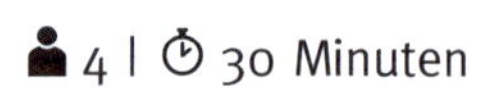

Zutaten

50 g	Knödelbrot
15 g	Butter
50 g	Hamburger Speck
40 g	Zwiebel
50 ml	Milch
1	Ei
	Salz
	Muskatnuss
	Petersilie
2 g	glattes Mehl
40 g	Graukas oder Bergkäse
	Backfett

Zubereitung

1. Zwiebel und Speck in kleine Würfel schneiden und in Butter hellbraun anrösten.
2. Mit Milch aufgießen, Topf vom Herd nehmen, Ei einschlagen.
3. Alle Zutaten bis auf das Mehl miteinander vermischen.
4. Die Masse etwa 10 Minuten ziehen lassen, danach das Mehl in die Masse einarbeiten.
5. Käse in vier längliche Würfel schneiden.
6. Aus der Knödelmasse vier Nocken formen und den Graukas als Kern einarbeiten.
7. Die Nocken in heißem Backfett braun frittieren.
8. Dann in heißer Rindssuppe noch einmal aufkochen und mit Schnittlauch servieren.

„Hena-Krapfen“

8 | 1 Stunde | ●●●

Zutaten

	Strudelteig (➜ S. 181)
1 EL	Butter
1/4	Zwiebel
	Petersilie
1	alte Semmel
1	Hühnerbrust
4	Champignons
2	Eier
3 EL	Semmelbrösel
1 Zweig	frischer Rosmarin
	Schale 1/2 Zitrone
	Salz, Pfeffer, Öl

Zubereitung

1. Strudelteig laut Rezept bereiten.
2. Feingeschnittene Zwiebel und gehackte Petersilie in Butter hell anrösten.
3. Dann die Semmel in kaltes Wasser tauchen und anschließend gut ausdrücken. Die Semmel mit der Hühnerbrust, den Champignons und abgerebelten Rosmarinblättern grob faschieren.
4. Ein Ei, Brösel und Gewürze dazugeben, alles gut verrühren und 15 Minuten rasten lassen.
5. Den Strudelteig ziehen, in 10 cm große Kreise oder Quadrate teilen, die Ränder mit verschlagenem Ei bestreichen.
6. Auf jedes Quadrat einen guten Esslöffel der Masse geben, den Teig darüberschlagen und die Ränder andrücken.
7. Die „Hena-Krapfen“ in heißem Backfett schwimmend goldgelb backen.
8. In Rind- oder Hühnersuppe mit Schnittlauch garniert servieren.

Die „Hena-Krapfen“ können auch ohne Suppe mit Gurkensalat und Sauerrahm-Kräutersoße gereicht werden.

Leberknödel

8 | 40 Minuten | 

Zutaten

1/4 kg	Rindsleber
90 g	Rindsnierenfett oder Schweinsrückenspeck
1/2	Karotte
1/4	Knollensellerie
2 EL	Butter
1	Zwiebel
1	Knoblauchzehe
10 g	Salz
	Pfeffer
	Majoran
	Schale 1/2 Zitrone
60 ml	Rindssuppe
2	Eier
90 g	Knödelbrot
40 g	Semmelbrösel
	Backfett

Zubereitung

1. Leber und Rindsfett mit geschälten Karotten und Sellerie faschieren.
2. Mit Salz, Pfeffer, Majoran, gehackter Petersilie und geriebener Zitronenschale würzen.
3. Zwiebel fein schneiden und in Butter anschwitzen. Danach Knoblauch schälen, fein schneiden, etwas mit anschwitzen und zu der Leber geben.
4. Rindssuppe erwärmen und mit den Eiern unter die Leber rühren.
5. Das Knödelbrot unter die Masse mengen und anziehen lassen.
6. Erst wenn das Knödelbrot mit der Lebermasse gut durchtränkt ist, die Semmelbrösel einarbeiten und die Masse damit binden.
7. Knödel formen und in heißem Backfett schwimmend goldbraun backen.
8. Die Leberknödel in Salzwasser circa 10 Minuten kochen und in heißer Rindssuppe mit Schnittlauch bestreut servieren.

Bei Leberknödeln ist die Fettzugabe sehr wichtig, es macht sie weich und saftig.
In Österreich unterscheidet man auch zwischen „greane“ (grünen) und gebackenen Leberknödeln, wie sie in den westlichen Bundesländern üblich sind. Das Backen verleiht den Knödeln eine sehr schöne Farbe und macht sie auch wesentlich länger haltbar.
Der Ausdruck „greanes Fleisch“ hat hier nichts mit der Farbe zu tun, sondern mit der Frische: „Greanes Fleisch“ bedeutet schlachtfrisch, dieses Fleisch war in Zeiten, als es noch keine Kühlmöglichkeiten gab, eine Rarität, aber auch leicht verderblich.

Gansl-Leberknödel

8 | 1 Stunde |

Zutaten

200 g	Ganslleber
100 g	Knödelbrot
30 g	Ganslfett
50 g	Zwiebel
1/2	Knoblauchzehe
2	Eier
10 g	Salz
	Pfeffer
	Majoran
	Petersilie
2	Eier
90 g	Knödelbrot
40 g	Semmelbrösel
	Backfett

Zubereitung

1. Zwiebel fein schneiden und in Ganslfett hell rösten, fein geschnittenen Knoblauch dazugeben und, ohne Farbe zu nehmen, mitschwitzen.
2. Ganslleber mit Zwiebel fein faschieren und mit den Eiern samt den Gewürzen verrühren.
3. Das Knödelbrot dazugeben, gut durchmischen und etwa 1/2 Stunde ziehen lassen.
4. Kleine Knödel formen und entweder nur kochen oder in heißem Backfett zuerst herausbacken und anschließend kochen und in der Rindssuppe servieren.

Sehr wichtige Geschmacksträger beim Kochen sind die Fette und Öle. So werden in diesem Rezept die Gansl-Leberknödel durch die Beigabe von Ganslfett (welches beim Braten einer Gans austritt) erst richtig gut. Das Rezept funktioniert natürlich auch mit Entenleber und Entenfett.
Auch bei den Bröselknödeln kann die Butter durch andere Fette ersetzt werden.

Bröselknödel

Zutaten

50 g	Butter
1	Eidotter
1	Eiklar
1 Prise	Salz
1 Prise	Muskatnuss
1 Prise	Koriander, gemahlen
30 g	Semmelbrösel

Zubereitung

1. Handwarme Butter mit Eidotter und Gewürzen schaumig schlagen.
2. Eiklar zu Schnee schlagen und mit den Semmelbröseln unter die Buttermasse heben.
3. Die Masse an einem kühlen Ort etwa 30 Minuten rasten lassen.
4. Kleine Knödel formen und in leicht kochendem Salzwasser 10 Minuten ziehen lassen.

Lauchsuppe, Grundsuppe

Zutaten

30 g	Butter
50 g	Lauch
25 g	Mehl
60 ml	Weißwein
250 ml	Schlagobers
3/4 l	Wasser
7 g	Salz
3 g	Suppengewürz
1 Prise	Pfeffer

Zubereitung

1. Lauch waschen, klein schneiden und in Butter anschwitzen.
2. Das Mehl dazugeben und gut durchrühren.
3. Mit Weißwein ablöschen und mit Obers und Wasser auffüllen.
4. Aufkochen lassen und Gewürze dazugeben.
5. Die Suppe 10 Minuten leicht köcheln lassen.
6. Suppe mixen und durch ein Sieb passieren.
7. Abschmecken.

Dieses Rezept kann als Grundrezept für viele Suppen verwendet werden.

Als Einlage passen Schwarz- oder Weißbrot-Croutons (➜ S. 184)

Variationen

Knoblauchsuppe: Schwitzen Sie mit dem Lauch gehackte Knoblauchzehen an, ohne diese Farbe bekommen zu lassen.
Zucchinicremesuppe: Mit dem Lauch Zucchinischeiben, gehackten Knoblauch und etwas Thymian anschwitzen.
Spargelcremesuppe: Anstatt Wasser verwendet man Spargelfond (➜ S. 100). Die Suppe mit etwas Zitronensaft nachsäuern. Spargelstücke und geröstete Weißbrotwürfel als Einlage verwenden.
Karfiolcremesuppe: Mit dem Lauch Karfiolrosen anschwitzen. Man kann auch einen Karfiolkopf kochen und den Fond anstatt des Wassers verwenden.
Champignoncremesuppe: Mit dem Lauch blättrig geschnittene Champignons anschwitzen und beim Abschmecken die Suppe mit Zitronensaft vollenden.
Fenchelcremesuppe: Mit dem Lauch Fenchel anschwitzen und zusätzlich mit Thymian und gemahlenem Kümmel würzen.

Erdäpfelsuppe

4 | 45 Minuten | ●●●

Zutaten

1 EL	Butterschmalz
20 g	Hamburger Speck
1	Karotte (geschält)
etwas	Sellerie (geschält)
etwas	Lauch
evtl.	Steinpilze
4	Erdäpfel (speckig)
1/2 l	Wasser
1 TL	Hesperiden-Essig
1 TL	Suppengewürz
1 Prise	Salz
1 Prise	Pfeffer aus der Mühle
1 Prise	Kümmel, gemahlen
1 Prise	Majoran
1 Prise	Thymian
1 EL	Sauerrahm
1 TL	glattes Mehl
1 EL	Petersilie

Zubereitung

1. Den Speck klein schneiden und in Butterschmalz anschwitzen.
2. Das Gemüse schälen, klein schneiden und mit dem Speck etwas mitschwitzen. Wenn Steinpilze zur Hand sind, diese klein schneiden und mit anschwitzen.
3. Mit Essig ablöschen, mit Wasser aufgießen, aufkochen und die Gewürze dazugeben.
4. Erdäpfel schälen, in kleine Würfel schneiden, in die Suppe geben und weichkochen.
5. Mehl, Sauerrahm und etwas kaltes Wasser glattrühren und die Suppe damit binden.
6. Abschmecken und mit gehackter Petersilie vollenden.

Karotten-Ingwer-Suppe

Zutaten

20 g	Butter
10 g	Kristallzucker
200 g	Karotten
600 ml	Wasser
200 ml	Schlagobers
10 g	frischer Ingwer
6 g	Salz
20 g	Honig
1 Prise	Curry

Zubereitung

1. Karotten schälen und in Scheiben schneiden, ebenfalls den Ingwer.
2. Zucker in Butter schmelzen, die Karotten dazugeben und hell karamellisieren lassen.
3. Mit Wasser und Obers aufgießen, die Gewürze dazugeben und weich kochen.
4. Die Suppe im Standmixer fein pürieren und durch ein Sieb passieren.

Bärlauchcremesuppe

4 | 30 Minuten | ●●●

Zutaten

40 g	Bärlauch
30 g	Butter
50 g	Lauch
1	Knoblauchzehe
30 g	glattes Mehl
80 ml	Weißwein
250 ml	Schlagobers
650 ml	Wasser
7 g	Salz
4 g	Suppengewürz
10 ml	Zitronensaft

Zubereitung

1. Frischen Bärlauch in reichlich siedendem Wasser etwa eine Minute kochen, sofort in kaltem Wasser abkühlen, gut ausdrücken und im Standmixer mit 150 ml Wasser fein pürieren.
2. Lauch waschen, klein schneiden und in Butter anschwitzen. Knoblauch klein schneiden und etwas ohne Farbe mitschwitzen.
3. Das Mehl dazugeben und gut durchrühren.
4. Mit Weißwein ablöschen und mit Obers und den restlichen 500 ml Wasser auffüllen.
5. Aufkochen lassen, Gewürze und Zitronensaft dazugeben und etwa 5 Minuten leicht köcheln lassen.
6. Suppe im Standmixer mixen und durch ein Sieb passieren.
7. Vor dem Anrichten nochmals aufkochen, pürierten Bärlauch beifügen und im Standmixer noch einmal fein mixen.

Rohe Bärlauchblätter haben einen scharfen Knoblauchgeschmack, deshalb vor Verwendung blanchieren. Auch verliert Bärlauch mit Salz und Zitrone seine schöne frischgrüne Farbe, weshalb er bei dieser Suppe erst kurz vor dem Servieren beigefügt wird.

Wenn Sie Bärlauch selbst pflücken

Verwechseln Sie den Bärlauch nicht mit den optisch ähnlich aussehenden sehr giftigen Maiglöckchen oder den ebenfalls sehr giftigen Herbstzeitlosen. Im Zweifelsfall die Blätter zwischen den Fingern zerreiben, Bärlauch hat einen intensiven Knoblauchgeruch, während Maiglöckchen- und Herbstzeitlosenblätter geruchlos sind.

Kürbiscremesuppe

Zutaten

250 g	Kürbis
1/2	Zwiebel
1	Knoblauchzehe
2 EL	Butter
1 Prise	Paprikapulver
1 Msp.	Kümmel, gemahlen
3 EL	Sauerrahm
1/3 l	Wasser
1/2 TL	Suppengewürz
	Salz
	Pfeffer

Zubereitung

1. Kürbis schälen, Kerne entfernen und das Fruchtfleisch grob schneiden (sollten dann circa 150 g sein). Zwiebel und Knoblauch schälen und klein schneiden.
2. In einem Topf Butter schmelzen, darin Zwiebel farblos anschwitzen, danach den Knoblauch dazugeben und etwas mitschwitzen.
3. Kürbis dazugeben, mit Salz, Pfeffer und Kümmel würzen, vom Herd nehmen.
4. Mit Paprikapulver stauben, mit Wasser aufgießen und mit Suppengewürz verfeinern. Dann etwa 15 Minuten köcheln lassen.
5. Sauerrahm glattrühren und einmischen. Im Mixbecher oder mit dem Mixstab fein pürieren.
6. Abschmecken.

Die Reife des Kürbisses bestimmt den Geschmack. Wenn Sie zusätzlich Würze benötigen, helfen Ingwer, Koriander und ein wenig Honig.

Im Restaurant Korso haben wir statt Paprikapulver frischen roten Paprika verwendet, die Suppe wird damit noch fruchtiger.

Sehr gute Kürbisse für Kürbiscremesuppe sind „Der Lange von Neapel“, Hokkaido-, oder Butternusskürbis.

Als Einlage kann man geröstete Kürbiskerne, geröstete Schwarzbrot- oder Weißbrotwürfel, Dill und/oder ein paar Tropfen Kürbiskernöl verwenden.

Kukuruzcremesuppe

Zutaten

etwas	Lauch
1 EL	Butter
1 Dose	Mais (300 g)
1/2 l	Milch
1/2 Becher	Crème fraîche
	Salz
	Cayennepfeffer
	Sesamstangerl (➔ S. 185)

Zubereitung

1. Lauch klein schneiden und in Butter glasig anschwitzen.
2. Mais mit Saft und Milch dazugeben, aufkochen und etwa 5 Minuten kochen lassen.
3. Die Suppe fein mixen und durch ein Sieb passieren.
4. Crème fraîche einrühren, noch einmal aufkochen und mit Salz und Cayennepfeffer würzen.
5. Mit gerösteten Sesam bestreuen oder mit Sesamstangerl servieren.

Die Suppe besticht einerseits durch die fruchtige süße Note des Kukuruz (Mais) und andererseits durch den Pep des Cayennepfeffers.

Erbsencremesuppe

Zutaten

300 g	Erbsen
1/2 l	Wasser
10 g	Suppengewürz
	Salz
1 TL	Mehl
1 Schuss	Obers

Zubereitung

1. Erbsen mit Wasser, Suppengewürz und einer Prise Salz aufkochen.
2. Mixen und währenddessen das Mehl dazugeben.
3. Die Suppe passieren, noch einmal aufkochen und einen kleinen Schuss Obers dazugeben.

Als Einlage passen Frankfurter Würstel, Sesamstangerl (➔ S. 185) oder auch knusprig gebratene Fischfilets (➔ S. 72).

Käsesuppe

4 | 30 Minuten | ●●●

Zutaten

1 EL	Butter
etwas	Lauch
1	Knoblauchzehe
40 ml	Weißwein
1/4 l	Schlagobers
1/2 l	Wasser
5 g	Suppengewürz
	Salz
	Pfeffer
	Kümmel, gemahlen
1 EL	Mehl
150 g	geriebener Emmentaler

Zubereitung

1. Lauch waschen, klein schneiden und in Butter anschwitzen.
2. Knoblauch klein schneiden, dazugeben und ebenfalls kurz mitschwitzen.
3. Mit Weißwein ablöschen und mindestens auf die Hälfte reduzieren lassen.
4. Mit Schlagobers und Wasser auffüllen.
5. Aufkochen und würzen.
6. Aus Mehl mit etwas kaltem Wasser einen glatten Mehlteig herstellen und die Suppe damit binden.
7. Die Suppe mixen und passieren.
8. Noch einmal aufkochen, vom Herd nehmen und den geriebenen Käse einrühren (Suppe darf ab jetzt nicht mehr kochen).
9. Noch einmal mixen und abschmecken.

Als Einlage passen Schwarz- oder Weißbrot-Croutons (➜ S. 184)

Pongauer Troadsuppe

Getreidesuppe

Zutaten

2 EL	Butterschmalz
1/2	Zwiebel
20 g	Hamburger Speck
1/2	Karotte
60 g	Knollensellerie
15 g	Roggen
15 g	Rollgerste
20 g	Dinkelflocken
20 g	Haferflocken
20 g	Suppengewürz
	Salz
	Pfeffer
1	Lorbeerblatt
	Thymian
	Majoran
1,2 l	Wasser
2 EL	Sauerrahm
1	Eidotter

Zubereitung

1. Zwiebel, Gemüse und Speck in kleine Würfel schneiden.
2. Zwiebel in Butterschmalz anschwitzen, den Speck und das Gemüse dazugeben und etwas anrösten.
3. Das Getreide hinzumischen und etwas anschwitzen.
4. Mit Wasser auffüllen, würzen und das Getreide weichkochen.
5. Sauerrahm mit etwas kaltem Wasser glattrühren und in die Suppe einrühren.
6. Den Dotter in der kochenden Suppe mit dem Schneebesen vorsichtig zerrühren, sodass Fäden entstehen.

Pongauer Schottsuppe

Zutaten

1 l	Wasser
100 g	getrocknetes Schwarzbrot
250 g	Sauerrahm
120 g	Schotten oder Topfen
25 g	Suppengewürz
	Croutons (➔ S. 184)

Zubereitung

1. Schwarzbrot im Wasser weichkochen.
2. Fein mixen und passieren.
3. Noch einmal aufkochen.
4. Sauerrahm mit Schotten oder Topfen gut verrühren und in die Suppe einrühren.
   Die Suppe aufkochen, würzen und abschmecken.
   Als Einlage passen in Butter geröstete Schwarzbrotwürfel (Croutons).

Die Brotrinde (Schwarzbrotscherzerl) macht den besten Geschmack.

Brennsuppe

2 | 20 Minuten | ●●●

Zutaten

1	kleine Zwiebel
	Butterschmalz
1 EL	Mehl
10 ml	Hesperiden-Essig
1/2 l	Wasser
10 g	Suppengewürz
1	Lorbeerblatt
	Kümmel, gemahlen
	Muskatnuss
	frischer Kerbel
1	Ei

Zubereitung

1. Die Zwiebel fein schneiden und in Butterschmalz glasig anschwitzen.
2. Das Mehl dazugeben und dunkel rösten.
3. Mit Essig ablöschen und mit Wasser auffüllen. Gewürze hinzugeben und kochen lassen (Vorsicht, die Suppe brennt leicht an).
4. Das Ei in die kochende Suppe einschlagen. Mit dem Schneebesen so verschlagen, dass sich gelbe und weiße Eifäden ziehen lassen.
5. Als Einlage passen Croutons (→ S. 184).

Rollgerstelsuppe

mit Speck und Gemüse

Zutaten

20 g	Butterschmalz
1	kleine Zwiebel
1	Karotte
1/4	Knollensellerie
40 g	Speck
60 g	Rollgerste
1,2 l	Wasser
1	Lorbeerblatt
15 g	Suppengewürz
1 Prise	Majoran
1 Prise	Thymian
1 Prise	Pilzpulver
1 Prise	Pfeffer
	Petersilie
evtl.	Speckschwarte

Zubereitung

1. Zwiebel kleinwürfelig, Karotten und Sellerie klein schneiden, ebenso den Speck.
2. In einem Topf Zwiebel und Speck anschwitzen, das restliche Wurzelgemüse dazugeben und mitrösten.
3. Die Rollgerste dazugeben, durchrühren und mit Wasser auffüllen.
4. Gewürze (bis auf die Petersilie) und, wenn vorhanden, Speckschwarte dazugeben.
5. Die Suppe so lange leicht köcheln lassen, bis die Rollgerste weich ist.
6. Am Schluss Petersilie fein hacken, hineinstreuen und die Suppe abschmecken.

Kocht man eine Speckschwarte mit, wird diese Suppe besonders gut. Beim Anrichten mit einem Löffel Sauerrahm garnieren und mit frisch gehackter Petersilie bestreuen.

Gulaschsuppe

8 | 100 Minuten | ●●●

Zutaten

20 g	Butterschmalz
5	Zwiebeln
5	Knoblauchzehen
400 g	Gulaschsuppenfleisch
600 g	Erdäpfel, geschält
40 g	Paprikapulver
35 ml	Hesperiden-Essig
1,2 l	Wasser
10 g	Salz
20 g	Suppengewürz
2 g	Pfeffer
1 TL	Kümmel, gemahlen
2 TL	Majoran
1	Lorbeerblatt
2	Paprika
	evtl. Tabasco

Zubereitung

1. Zwiebel kleinwürfelig, Rindfleisch in 1–2 cm große Würfel, Paprika in circa 1 cm große Würfel schneiden. Die Erdäpfel schälen, in kleine Würfel schneiden und in kaltem Wasser bis zur Weiterverarbeitung einlegen.
2. Die Zwiebel in Butterschmalz goldgelb rösten, den gehackten Knoblauch dazugeben und etwas mitschwitzen.
3. Den Topf vom Herd nehmen und etwas abkühlen lassen, Paprikapulver gut unterrühren, sofort mit Essig ablöschen und mit Wasser auffüllen.
4. Das Fleisch und die Gewürze dazugeben, einmal aufkochen lassen und zugedeckt auf kleiner Flamme etwa 1 Stunde leicht köcheln lassen.
5. Die Erdäpfel- und Paprikawürfel dazugeben und noch etwa 25 Minuten weichkochen lassen.
6. Abschmecken und gegebenenfalls mit Tabasco das Feuer geben.

Das beste Fleisch für eine Gulaschsuppe ist Waden- oder Halsfleisch.
Paprikapulver ist fettlöslich, aber nicht hitzebeständig, wird dann braun und bitter.
Also unbedingt den Topf vor dem Zugeben etwas auskühlen lassen.

Ennstaler Rahmsuppe

Zutaten

800 ml	Wasser
1	Knoblauchzehe
4	Wacholderbeeren
15	Pfefferkörner
1	Lorbeerblatt
10 g	Kümmel
7 g	Salz
4 g	Suppengewürz
20 ml	Hesperiden-Essig
250 g	Sauerrahm
25 g	glattes Mehl
1	Erdapfel, gekocht
40 g	Geselchtes oder gekochter Schinken
	Kümmel

Zubereitung

1. Wacholderbeeren und Pfefferkörner im Gewürzmörser zerstoßen.
2. Knoblauchzehe halbieren, mit den Wacholderbeeren, Pfefferkörnern, Lorbeerblatt und Kümmel im Wasser einmal aufkochen und danach eine halbe Stunde ziehen lassen.
3. Sauerrahm mit etwas Wasser und Mehl glattrühren und in das Gewürzwasser einrühren.
4. Die restlichen Gewürze und den Essig hinzufügen, gut verrühren und einmal aufkochen lassen.
5. Die Suppe durch ein Sieb passieren und abschmecken.
6. Für die Einlage den gekochten, geschälten Erdapfel in circa 1 cm große Würfel schneiden, das Geselchte oder Schinken in kleine Würfel.
7. Die angerichtete Suppe mit Kümmel bestreuen.

Spargelcremesuppe

Zutaten

30 g	Butter
30 g	Lauch
30 g	glattes Mehl
40 ml	Weißwein
200 ml	Schlagobers
800 ml	Spargelfond (➜ S. 100)
4 g	Suppengewürz
1 cl	Zitronensaft

Zubereitung

1. Lauch waschen, in feine Ringe schneiden und in Butter anschwitzen.
2. Das Mehl dazugeben, gut verrühren und mit Weißwein, Obers und Spargelfond aufgießen.
3. Zitronensaft hinzufügen, würzen und etwa 5 Minuten kochen lassen.
4. Die Suppe im Standmixer fein pürieren und durch ein Sieb passieren.

Als Einlage passen gekochte Spargelstücke (➜ S. 100), Weißbrot-Croutons (➜ S. 184) und Schnittlauch.

Schilcherweinsuppe

4 | 1 Stunde | ●●●

Zutaten

1 EL	Butter
1/4	Zwiebel
1 TL	Kristallzucker
1	Knoblauchzehe
1/8 l	Schilcher
1	Zimtstange
2	Gewürznelken
1	Lorbeerblatt
1	Zitrone
3/4 l	Wasser
1/4 l	Schlagobers
1 EL	Mehl
20 g	Suppengewürz
	Schwarzbrot-Croutons (➜ S. 184)

Zubereitung

1. Zwiebel fein schneiden und in Butter bei milder Hitze etwas Farbe annehmen lassen.
2. Knoblauch fein schneiden und mit dem Zucker dazugeben, etwas mitrösten, bis der Zucker zu schmelzen beginnt.
3. Mit Schilcher ablöschen, Zimtstange brechen, die Schale der Zitrone abreiben, ein paar Tropfen Zitronensaft dazugeben, ebenso die Nelken und das Lorbeerblatt. Bei milder Hitze um die Hälfte reduzieren lassen.
4. Mit Wasser aufgießen und circa 1/2 Stunde leicht köcheln lassen.
5. Schlagobers mit Mehl gut verrühren, die Suppe damit binden und weitere 5 Minuten kochen lassen.
6. Die Suppe abschmecken und durch ein Sieb passieren.
7. Als Einlage passen Schwarzbrot-Croutons.

Kalte Gurkensuppe

Zutaten

600 g	Gurke
120 ml	Buttermilch
80 g	Sauerrahm
3 cl	Zitronensaft
1	Knoblauchzehe
12 g	Salz
1 Prise	Pfeffer, weiß, gemahlen
1 g	Ingwer, gemahlen
1 g	Koriandersamen, gemahlen
4 g	frischer Dill

Zubereitung

1. Die Gurke schälen und in grobe Würfel schneiden, Dill fein hacken.
2. Alle Zutaten im Standmixer auf höchster Stufe fein pürieren.
3. Als Einlage passen Schafkäsewürfel und Dillspitzen.

Ungarische Karpfensuppe

4 | 75 Minuten | ●●●

Zutaten

1	Zwiebel
1	Knoblauchzehe
2 EL	Butterschmalz
1 TL	Paprikapulver
1/8 l	Weißwein
1	Karpfenkarkasse
2 l	Wasser
1/2	Zitrone
1	Lorbeerblatt
	Pfefferkörner
1/8 l	Sauerrahm
1 EL	Mehl
	Salz
	Cayennepfeffer

Zubereitung

1. Zwiebel schälen, grob schneiden und in Butterschmalz glasig anschwitzen.
2. Knoblauchzehe schälen, halbieren und etwas mitschwitzen.
3. Den Topf vom Herd nehmen, paprizieren, gut durchrühren, mit Weißwein ablöschen und mit Wasser auffüllen.
4. Die Fischkarkasse etwas zusammenhacken und mit dem Lorbeerblatt und Pfefferkörnern zum Fond geben. Die Zitrone auspressen, Saft und Schale dazugeben, aufkochen und den Fond auf die Hälfte einreduzieren lassen.
5. Die Suppe abseihen und noch einmal zustellen.
6. Sauerrahm mit etwas kaltem Wasser und Mehl gut verrühren und die Suppe damit binden.
7. Mit Salz und Cayennepfeffer würzen.

Eine hervorragende Suppe, wenn man einmal Karpfenkarkassen zur Hand hat. Das Rezept kommt aus dem Ungarischen und heißt dort „Halászlé“. Als Einlage passen Gemüsestreifen, Erdäpfel oder gebratene Fischfilets (➔ S. 72).

Apfelcremesuppe

4 | 30 Minuten | ●●●

Zutaten

120 ml	Weißwein (Grüner Veltliner)
250 ml	Schlagobers
250 ml	Wasser
600 g	Äpfel
20–30 g	Kristallzucker
10	Pfefferkörner
1	Gewürznelke
1/2	Zimtstange
3–4 cl	Zitronensaft
4 cl	Inländer-Rum 38 %
	Schwarzer Pfeffer aus der Mühle oder Szechuan-Pfeffer

Zubereitung

1. Äpfel schälen, entkernen und in grobe Würfel schneiden.
2. Alle Zutaten in einem Topf bei mäßiger Hitze etwa 10 Minuten leicht köcheln lassen.
3. Die Zimtstange entfernen, die Suppe im Standmixer mit den Pfefferkörnern und der Nelke fein pürieren, danach durch ein Sieb passieren und die Zimtstange wieder zuführen.
4. Abschmecken. Hier spielt die Säure der Äpfel eine wichtige Rolle. Verwenden Sie süße Äpfel, benötigen Sie weniger Zucker, dafür etwas mehr Zitronensaft. Bei säuerlichen Äpfeln mehr Zucker und weniger Zitronensaft.
5. Die Suppe anrichten und mit frisch gemahlenem Pfeffer aus der Mühle bestreuen. Noch besser ist Szechuan-Pfeffer.

Bei dieser Suppe entfaltet Szechuan-Pfeffer sein ganzes Potenzial. Er ist ein sehr interessantes Gewürz. Eigentlich ist er gar kein Pfeffer und zählt wie der Rosa Pfeffer zu den „falschen" Pfeffern. Szechuan-Pfeffer ist mit einer Zitruspflanze verwandt, der Geschmack erinnert an Grapefruitschalen. Charakteristisch für ihn ist ein Effekt, der ein Gefühl von Taubheit auf Lippen und Zunge erzeugt. Er passt zu vielen Vorspeisen, Suppen, Soßen und Gerichten, bei denen Sie den Geschmack mit einer leichten Bitterkeit von Zitrusfrüchten veredeln möchten.

Geeiste Apfelcremesuppe

4 | 30 Minuten | ●●●

Zutaten

80 ml	Weißwein (Grüner Veltliner)
170 ml	Wasser
250 ml	Schlagobers
600 g	Äpfel
30 g	Kristallzucker
10	Pfefferkörner
1	Gewürznelke
1/2	Zimtstange
2–3 g	Zitronensäure
2 cl	Inländer-Rum 38 %
evtl. 4 g	Stärkemehl
	Schwarzer Pfeffer aus der Mühle oder Szechuan-Pfeffer

Zubereitung

1. Äpfel schälen, entkernen und in grobe Würfel schneiden.
2. Alle Zutaten in einem Topf bei mäßiger Hitze etwa 10 Minuten leicht köcheln lassen.
3. Die Zimtstange entfernen, die Suppe im Standmixer mit den Pfefferkörnern und der Nelke fein pürieren, danach durch ein Sieb passieren und die Zimtstange wieder zuführen.
4. Abschmecken. Hier spielt die Säure der Äpfel eine wichtige Rolle. Verwenden Sie süße Äpfel, benötigen Sie weniger Zucker, dafür etwas mehr Zitronensäure. Bei säuerlichen Äpfeln mehr Zucker und weniger Zitronensäure.
5. Wenn Sie ein sehr feinmaschiges Sieb benutzen, kann es sein, dass die Suppe zu dünn wird. In diesem Fall rühren Sie Stärkemehl mit etwas kaltem Wasser an und binden die Suppe damit.
6. Die Suppe im Kühlschrank kalt stellen, ebenfalls die Suppentassen.
7. Die Suppe in kalten Suppentassen anrichten und mit frisch gemahlenem Pfeffer aus der Mühle bestreuen. Noch besser ist Szechuan-Pfeffer.

Eine hervorragende Suppe an heißen Tagen!

Im Gegensatz zu einer heiß servierten Suppe benötigt eine kalte Suppe viel mehr Säure. So wird der fruchtig schmeckende Zitronensaft der warmen Apfelcremesuppe in diesem Rezept mit erfrischend prickelnder Zitronensäure ersetzt.

Forelle in der Folie

2 | 40 Minuten |

Zutaten

2	ausgenommene Forellen
1	Zitrone
	Salz
	Petersilie
	Butter

Zubereitung

1. Backrohr auf 200 °C vorheizen.
2. Für jede Forelle ein Stück Alufolie (etwas länger als die Forelle) mit flüssiger Butter bestreichen und mit etwas gehackter Petersilie bestreuen.
3. Forelle säubern, mit Zitronensaft säuern und salzen. In den Bauchraum etwas Petersilie einstreuen (noch besser wäre Kräuterbutter ➔ S. 183).
4. Die Forellen mit der Folie gut verschließen und im Backrohr (je nach Größe) 20–30 Minuten garen.

Es kann natürlich auch jede andere Art Fisch oder Fischfilet verwendet werden. Als Beilage eignen sich Erdäpfel und grüner Salat, auch Spargel passt sehr gut dazu.

Knusprig gebratenes Fischfilet

2 | 20 Minuten |

Zutaten

300 g	Fischfilet
	Zitronensaft
	Salz
	Semmelbrösel
	Mehl
	Öl

Zubereitung

1. Fischfilet mit Zitronensaft säuern und salzen.
2. Auf die Hautseite Semmelbrösel und danach das Mehl streuen.
3. Das Fischfilet etwas abschütteln, damit die losen Brösel und das Mehl herunterfallen.
4. Mit der Bröselseite nach unten in eine Pfanne mit Öl einlegen und langsam goldbraun knusprig braten.
5. Fisch wenden und auf der anderen Seite fertig braten.

Die Haut soll knusprig werden. Dieselbe Zubereitungsart gilt natürlich auch für ganze Fische. Hier empfiehlt sich, das Backrohr auf 200 °C vorzuheizen und den Fisch nach dem Wenden darin fertigzubraten.

Knusprig gebratenes Fischfilet

ohne Haut

Zutaten

2 Fischfilets á 150 g ohne Haut
Salz
Pfeffer
Dijon-Senf
Petersilie
Semmelbrösel
Mehl
Öl

Zubereitung

1. Die Fischfilets ohne Haut salzen und leicht pfeffern.
2. Das Filet mit der „Hautseite" nach unten auflegen und die Innenseite des Filets dünn mit Dijon-Senf einstreichen.
3. Mit gehackter Petersilie bestreuen, Semmelbrösel und schließlich das Mehl darauf streuen.
4. Die Fischfilets etwas abschütteln, damit die losen Brösel und das Mehl herunterfallen.
5. Mit der Bröselseite nach unten in eine Pfanne mit Öl einlegen und langsam goldbraun knusprig braten. Den Fisch wenden und auf der anderen Seite fertig braten.

Da die Fischfilets keine Haut mehr haben, basteln wir selbst eine Kruste. Die beste Kruste machen Semmelbrösel, aber von allein halten sie nicht auf dem Fisch – also brauchen wir einen „Kleber" und da eignet sich Dijon-Senf sehr gut. Mit seiner feinen Säure ersetzt er auch die Zitrone. Eingestrichen wird die Innenseite des Fisches. Der Grund dafür ist: Alles, was Haut hat oder hatte, zieht sich zusammen. Das bedeutet, dass die gegenüberliegende Seite auseinander-, also aufgeht! Zuerst streut man die Semmelbrösel auf – diese bleiben kleben und formen die Kruste. Erst danach kommt das Mehl, es soll verhindern, dass die Brösel in der Pfanne kleben bleiben und die Kruste wieder verloren geht.

Gebratener Knoblauchkarpfen

mit Zitronen-Wurzelgemüse

Zutaten

Knoblauchkarpfen

ca. 300 g	Karpfenfilet
1	Knoblauchzehe
	Salz
	Dijon-Senf
	Semmelbrösel
	Butterschmalz

Zitronen-Wurzelgemüse

1	Karotte
1/4	Knollensellerie
	etwas Lauch
1 EL	Butter
1 TL	Mehl
1/2	Zitrone
1/8 l	Gemüsefond
1/8 l	Schlagobers
	Salz

Zubereitung

Knoblauchkarpfen

1. Karpfenfilet gut waschen und in sechs Stücke schneiden. Den Knoblauch fein schneiden oder pressen.
2. Die Karpfenstücke salzen, mit Knoblauch und Senf einreiben und in Semmelbröseln wälzen.
3. In einer Pfanne mit etwas Butterschmalz goldbraun braten.

Zitronen-Wurzelgemüse

1. Karotten und Sellerie schälen und in feine Streifen schneiden, Lauch waschen und ebenfalls in feine Streifen schneiden.
2. Einen Topf mit etwa 2 cm hoch Wasser aufkochen, das Gemüse dazugeben, umrühren und zugedeckt kernweich dämpfen.
3. Das Gemüse durch ein Sieb seihen und dabei das Gemüsewasser (Gemüsefond) auffangen.
4. In dem noch heißen Topf die Butter schmelzen, das Mehl einrühren, mit Gemüsefond aufgießen und mit Schlagobers auffüllen.
5. Das Gemüse dazugeben, aufkochen, mit Salz, Zitronensaft und einer Prise Suppengewürz verfeinern.

Das Rezept eignet sich auch sehr gut für Wels oder Kabeljau, als Sättigungsbeilage passen Salzerdäpfel.
Wenn man einen ganzen Karpfen verwendet, kann man die Knochenabfälle (Karkassen) für eine ungarische Karpfensuppe (➜ S. 69) verwerten.

Pochiertes Welsschnitzel

2 | 30 Minuten | ●●●

Zutaten

2 Welsschnitzel
1/2 Zwiebel
1 Knoblauchzehe
1 EL Kapern
60 ml Noilly Prat
60 ml Weißwein
1/8 l Schlagobers
Petersilie
Schnittlauch
Salz
Pfeffer aus der Mühle
Suppengewürz

Beilage

Blattspinat (➜ S. 134)
Petersilerdäpfel (➜ S. 139)

Zubereitung

2. In einem Topf den Noilly Prat und Weißwein auf die Hälfte einkochen.
3. Zwiebel und die Knoblauchzehe klein schneiden und mit den Kapern zum Wein geben und aufkochen.
4. Welsschnitzel salzen und leicht pfeffern, in den Kochsud einlegen und einmal aufkochen lassen. Zudecken und 5 Minuten bei milder Hitze pochieren.
5. Den Fisch aus dem Kochsud nehmen und warm stellen.
6. Schlagobers zum Kochsud geben und auf die Hälfte einkochen.
7. Mithilfe eines Stabmixers die Soße fein pürieren.
8. Die Soße mit Salz, Pfeffer und einer kleinen Prise Suppengewürz abschmecken und mit Schnittlauch und Petersilie vollenden.
9. Den pochierten Wels auf Blattspinat anrichten, mit der Soße überziehen und mit Petersilerdäpfeln servieren.

Gebratenes Rosmarinhendl

mit glacierten Karotten und Reis

Zutaten

1	ganzes Hendl (1 kg)
1 Zweig	frischer Rosmarin
2 EL	Olivenöl
1 EL	Butter
	Salz
	Pfeffer
1 Tasse	Reis
1 EL	Butter
2 Tassen	Wasser
	Salz
2	Karotten
1 EL	Olivenöl
1/2 TL	Zucker
60 ml	Wasser
1 Prise	Salz

Zubereitung

1. Das Backrohr auf 200 °C aufheizen.
2. Mit einem Messer die Keulen des Hendls abtrennen, den Oberschenkelknochen auf der Schenkelinnenseite freilegen und das Gelenk durchschneiden (das Fleisch wird dadurch gleichmäßig gar).
3. Die Brust mit dem Messer am Brustbein entlang auseinanderschneiden und beidseitig die Brusthälften herunterlösen.
4. Die Keulen und Brüste salzen und pfeffern.
5. In einer Pfanne das Olivenöl, den Rosmarin und die Butter aufschäumen. Zuerst nur die Hendlhaxen mit der Hautseite nach unten einlegen und kurz anbraten, nicht umdrehen! Anschließend die Pfanne ins Rohr stellen. Nach rund 5 Minuten die Brüste (wieder mit der Hautseite nach unten) dazulegen und im Rohr fertig braten (circa 20 Minuten). Wenn am Knochengelenk kein Blut mehr zu sehen ist, ist das Hendl durch.
6. In der Zwischenzeit den Reis in Butter anschwitzen, mit dem Wasser ablöschen, salzen und zugedeckt so lange dünsten, bis der Reis das Wasser aufgesogen hat (nachdem der Reis das erste Mal aufgekocht hat, das Wasser kosten: so, wie das Wasser schmeckt, schmeckt später auch der fertige Reis).
7. Jetzt die Karotten schälen, mit einem dünnen Messer in etwa 4 cm lange Stücke teilen und daraus dünne Stifterl schneiden.
8. Den Kristallzucker mit dem Olivenöl in einem kleinen Topf zum Schmelzen bringen. Wenn der Zucker hellbraun ist, die Karottenstifterl dazugeben, gut durchrühren und mit dem Wasser ablöschen. Mit einer Prise Salz würzen und die Karotten zugedeckt bissfest dämpfen, dann abschmecken.

9. Den fertigen Reis und die Karotten auf den Tellern anrichten, das Huhn aus der Pfanne nehmen (die Haut sollte schön knusprig sein), ebenfalls anrichten. Die Rosmarinbutter durch ein Sieb gießen und den Reis damit aromatisieren.
10. Den Bratensatz mit ganz wenig Wasser ablöschen, durch ein Sieb passieren und über die Hendlteile gießen.

Dies ist eines meiner Lieblingsgerichte, es kommt in einer Dreiviertelstunde vom Kühlschrank auf den Teller, duftet unwiderstehlich und schmeckt unheimlich gut!

Chicken Wings

Zutaten

14	Hendlflügerl

Marinade

50 ml	Sojasoße
50 ml	Öl (Sesam- oder Erdnussöl)
2 EL	Essig
1 TL	Tabasco
2	Knoblauchzehen, gehackt
2 TL	Ingwer, gehackt
1 TL	Pfefferkörner, schwarz
1 TL	Zucker

Zubereitung

1. Für die Marinade alle Zutaten verrühren.
2. Hendlflügerl einlegen und mindestens 2 Stunden ziehen lassen, je länger, desto besser.
3. Im vorgeheizten Backrohr bei 200 °C backen, bis sie schön dunkelbraun sind.

Backhendl

👤 4 | ⏱ 40 Minuten ⏱ 1 Stunde | ●●●

mit Erdäpfel-Vogerlsalat

Zutaten

1 ganzes Hendl
1/2 Becher Sauerrahm
Saft 1/2 Zitrone
Salz
Petersilie

griffiges Mehl
2 Eier
Semmelbrösel
Öl zum Backen

Erdäpfel-Vogerlsalat
(➜ S. 44)

Zubereitung

1. Backrohr auf 180 °C vorheizen.
2. Mit einem Messer die Keulen des Hendls abtrennen, die Haut abziehen, das Gelenk durchschneiden und die Knochen freilegen
(das Fleisch wird dadurch gleichmäßig gar).
3. Die Brust mit dem Messer am Brustbein entlang auseinanderschneiden und beidseitig die Brusthälften herunterlösen, ebenfalls die Haut abziehen und die Brust halbieren.
4. Die Hendlstücke in Sauerrahm, Zitronensaft, Salz und gehackter Petersilie marinieren und mindestens eine Stunde ziehen lassen. Im Anschluss mit Mehl, verschlagenem Ei und Semmelbrösel panieren.
5. Öl in einer Pfanne, die für das Backrohr geeignet ist, erhitzen, aber nicht zu heiß werden lassen. Um die richtige Temperatur zu erkennen, dem kalten Öl ein oder zwei Tropfen Wasser beigeben – wenn dieses aufkocht, ist das Öl heiß. Dann die Hendlstücke einlegen und langsam backen. Wenn die Unterseite braun ist, umdrehen, die Pfanne ins Backrohr stellen und fertig backen.
6. Auf lauwarmem Erdäpfel-Vogerlsalat anrichten.

Das Rezept stammt von Reinhard Gerer aus dem Restaurant Korso. Der Sauerrahm und die Zitrone machen das Hendl saftig und würzig, die Panier wird dadurch etwas dicker und knuspriger.

Vorsicht bei Pfannen mit Kunststoffgriffen! Nicht alle halten hohe Temperaturen bis 180 °C aus.

Gebratene Ente

4 | 2 Stunden | ●●●

Zutaten

1	Ente (Gewicht circa 2 kg)
	Salz
	Pfeffer
	Majoran
1	Apfel
1/2	Zwiebel

Für die Soße

1 EL	Tomatenmark
1 TL	Mehl
1/2 TL	Honig
	Majoran
evtl.	Suppengewürz und Salz

Zubereitung

1. Backrohr auf 200 °C vorheizen.
2. Die küchenfertige Ente gut waschen, die Flügel am zweiten Gelenk abtrennen.
3. Die Ente innen und außen gut salzen. Majoran in den Bauchraum streuen.
4. Den Apfel halbieren und mit der geschälten halben Zwiebel in den Bauchraum füllen.
5. Die abgetrennten Flügel in eine Bratenrein legen, die Ente mit der Brust nach oben auf die Flügerl setzen und etwa einen Finger hoch Wasser einfüllen.
6. Die Rein im Backofen auf den Boden stellen und etwa 1,5 Stunden bei 200 °C braten. Nach 1/2 Stunde anfangen, die Ente alle 10 Minuten mit dem ausgetretenen Entenfett zu übergießen.
7. Nachdem die Ente fertig ist, aus dem Backrohr nehmen. Die Ente zum Rasten auf einen Teller legen, Zwiebel und Apfel aus dem Bauchraum entfernen.
8. Das ausgelassene Entenfett zum späteren Frittieren in eine Pfanne umgießen.
9. In der alten Bratpfanne befindet sich der Bratensatz, den man für die Soße braucht. Hierfür das Tomatenmark in die Pfanne geben und auf dem Herd etwas rösten, mit ein wenig Mehl stauben und mit Wasser ablöschen. Die Apfelhälften und die Zwiebel sowie eine Prise Majoran dazugeben und etwas kochen lassen. Danach die Soße durch ein Sieb passieren. Gegebenenfalls mit etwas Salz, Honig und einer Prise Suppengewürz abschmecken.
10. Vor dem Servieren unter fließendem Wasser das überschüssige Salz von der Ente abspülen. Die Pfanne mit dem Entenfett erhitzen und die Ente mit der Brust nach oben in das heiße Fett einlegen. Nun noch einmal für 10 Minuten in das 200 °C heiße Backrohr schieben. Dabei die Ente immer wieder mit dem heißen Fett übergießen. So wird die Haut schön knusprig.

Als Beilage passen Blaukraut (➜ S. 132), eingemachter Wirsing (➜ S. 226), Serviettenknödel (➜ S. 109, 228) oder Schupfnudeln (➜ S. 138).

Das überschüssige Entenfett unbedingt aufheben, es eignet sich hervorragend für Sauerkraut, Wein- oder Blaukraut und für Entenleberaufstrich.

Lammbraten

6 | 3 Stunden 3–4 Stunden | ●●●

Zutaten

1	Lammkeule
	Dijon-Senf
	frischer Rosmarin
	Butter
	Olivenöl
	Pfeffer
	Salz

Soße

1	Zwiebel
1/8 l	Rotwein
	frischer Rosmarin
	Pfefferkörner
4	Wacholderbeeren
1	Lorbeerblatt
1 Prise	Mehl
	Salz
	Suppengewürz
1 EL	Tomatenmark

Da der Lammbraten bis zum Schluss nicht gesalzen und rosa gebraten serviert wird, bleibt er extrem saftig. Er lässt sich sehr gut vorbereiten und hält gut eingepackt ein paar Tage im Kühlschrank. Als Beilagen eignen sich jede Art von Erdäpfelzubereitung, Polenta (➜ S. 142), Schupfnudeln (➜ S. 138), Zucchini, Maisgemüse, Ratatouille (➜ S. 137).

Zubereitung

1. Die Lammkeule mit einem scharfen Messer am Knochen entlang aufschneiden und den Knochen herauslösen. Eleganter ist die Variante, die Keule „hohl auszulösen“: Hierbei schaben Sie das Fleisch auf beiden Seiten der Keule mit einem kleinen scharfen Messer vom Knochen, bis Sie den Knochen aus dem Keulenfleisch ziehen können. Bei dieser Variante fällt das Fleisch nach dem Braten nicht auseinander und sieht schöner aus.
2. Den Knochen dann mit einem Hackbeil oder dem hintersten Teil ihres größten Messers aufhacken. Die Knochenteile brauchen Sie für die Soße.
3. Das Fleisch mit Pfeffer, Rosmarin und Dijon-Senf einreiben (auf keinen Fall salzen!). Mit einem Spagat (Wurstschnur) zu einem Braten binden und gut zugedeckt mindestens 3–4 Stunden ziehen lassen.
4. Das Backrohr auf 200 °C vorheizen.
5. In einer Pfanne etwas Olivenöl erhitzen, das Fleisch sowie die Knochen einlegen und auf allen Seiten anbraten.
6. Die Pfanne ins heiße Backrohr auf den Boden stellen und circa 45 Minuten rosa braten. Druckprobe: Das Fleisch mit den Fingern andrücken. Ist es sehr weich – ist es noch eher roh. Ist es elastisch – ist es rosa. Ist es fest beziehungsweise hart – ist es durch.
7. Den Braten aus dem Rohr und der Pfanne nehmen, zum Auskühlen beiseitestellen.

Soße

8. Die Zwiebel schälen und grob schneiden. In die Pfanne mit den Knochen geben und braun rösten. Tomatenmark beigeben und etwas mitrösten.
9. Mit Rotwein ablöschen und mit Wasser aufgießen. Die Gewürze dazugeben und etwa eine Stunde leicht köcheln lassen, dabei immer wieder aufgießen.

10. Den Saft auf die gewünschte Menge reduzieren, mit einer Prise Mehl stauben und mit etwas Salz sowie Suppengewürz abschmecken. Die Soße durch ein Sieb passieren.
11. Den Lammbraten aufschneiden, mit Dijon-Senf bestreichen und mit Pfeffer würzen.
12. In einer Pfanne Butter mit etwas Olivenöl und Rosmarin erhitzen. Die Bratenscheiben kurz auf beiden Seiten anbraten.
13. Anrichten, leicht darübersalzen und mit Soße nappieren.

Irish Stew

6 | 1,5 Stunden |

Irischer Lammeintopf

Zutaten

1 kg	Lammfleisch (Schulter, Hals oder Keule)
1/2 kg	Wurzeln (Sellerie, Karotten, Petersilienwurzel)
1/4	Krautkopf
3	Erdäpfel
1	Zwiebel
6	Knoblauchzehen
	Salz
	Pfefferkörner
1	Lorbeerblatt
	Thymian
20 g	Suppengewürz

Zubereitung

1. Lammfleisch in gulaschgroße Würfel schneiden.
2. Knoblauch schälen und grob schneiden.
3. In einem Topf den Knoblauch in Olivenöl bei schwacher Hitze hell anlaufen lassen.
4. Lammfleisch dazugeben, mit Wasser bedecken, salzen, Pfefferkörner, Lorbeerblatt, Thymian und Suppengewürz dazugeben und zugedeckt halbweich dünsten.
5. Das Wurzelgemüse und die Zwiebel schälen, grobwürfelig schneiden und dazugeben, 10 Minuten mitkochen.
6. In der Zwischenzeit das Kraut waschen, den Stiel entfernen, Erdäpfel schälen, beides grobwürfelig schneiden und zum Lammeintopf geben.
7. Weich schmoren und gegebenenfalls Flüssigkeit ergänzen.
8. Abschmecken.

Irish Stew ist ein einfaches Bauerngericht und ohne viel Aufwand zuzubereiten.

Lammkeulensteak

Personen 2 | Zubereitungszeit 30 Minuten | ●●●

Zutaten

2	Lammkeulensteaks
	Salz, Pfeffer
	Dijon-Senf
	Olivenöl
1	Rosmarinzweig
1/2	Knoblauchzehe

Zubereitung

1. Den Röhrenknochen der Lammkeule von innen herauslösen (siehe Lammbraten → S. 80) und zwei schöne Steaks herunterschneiden.
2. Diese mit Salz und Pfeffer würzen und mit Dijon-Senf einstreichen.
3. In einer Pfanne Olivenöl mit einem Zweig Rosmarin und einer halbierten Knoblauchzehe erhitzen.
4. Die Lammkeulensteaks einlegen und beidseitig rosa braten. Aus der Pfanne nehmen und vor dem Anrichten noch 2 Minuten rasten lassen.

Als Beilagen eignen sich jede Art von Erdäpfelzubereitung, Polenta (→ S. 142), Schupfnudeln (→ S. 138), Zucchini, Maisgemüse, Ratatouille (→ S. 137), Kräuterbutter (→ S. 183).

Lammragout

Zutaten

1 kg	Lammfleisch (Schulter, Hals oder Keule)
2	Zwiebeln
5	Knoblauchzehen
	Salz
	Pfeffer
2 Zweige	frischer Rosmarin
5 TL	Dijon-Senf
2	Lorbeerblätter
1/8 l	Weißwein
1 l	Wasser
10 g	Suppengewürz
2 EL	Mehl

Zubereitung

1. Das Lammfleisch in gulaschgroße Würfel schneiden. Mit Dijon-Senf, Rosmarin und etwas Olivenöl marinieren und in einem verschlossenen Behältnis 3–4 Stunden ziehen lassen.
2. Zwiebel grobwürfelig schneiden und in Olivenöl so lange rösten, bis die Zwiebel beginnt, Farbe zu nehmen. Den Knoblauch schälen, grob zerkleinern und etwas mitschwitzen.
3. Das Lammfleisch salzen und pfeffern, dazugeben und ebenfalls etwas anrösten lassen.
4. Mit Weißwein ablöschen, mit Wasser aufgießen und weich dünsten.
5. Mit Suppengewürz abschmecken.
6. Mehl mit etwas kaltem Wasser anrühren und das Ragout damit binden.

Gedünstete Lammstelze

👤 4 | ⏱ 2 Stunden | ●●●

in Rosmarinsaft

Zutaten

4	Lammstelzen
	Dijon-Senf
	Salz
	Pfeffer
2	Karotten
1/2	kleiner Sellerie
1	Zwiebel
	Öl
5	Knoblauchzehen
3 EL	Tomatenmark
1/8 l	Weißwein
1,5 l	Wasser
	Salz
	Pfeffer
	Suppengewürz
	Lorbeerblatt
	frischer Rosmarin
	Oregano
40 g	glattes Mehl

Zubereitung

1. Das Gemüse und die Zwiebel in etwa 1–2 cm große Würfel schneiden, den Knoblauch schälen.
2. Die Lammstelzen mit Dijon-Senf, etwas Salz und Pfeffer einreiben, in einer Pfanne mit Öl auf allen Seiten schön braun anbraten.
3. In einem großen Topf die Karotten und den Sellerie hell anschwitzen, danach die geschnittene Zwiebel dazugeben und alles hellbraun rösten. Jetzt den Rosmarin und den grob geschnittenen Knoblauch hineingeben und etwas mitrösten.
   Danach das Tomatenmark kurz mitrösten, alles mit Weißwein ablöschen und mit Wasser aufgießen. Aufkochen lassen und die Lammstelzen in die Soße einlegen. Würzen und zugedeckt etwa 1,5 Stunden leicht köcheln lassen.
4. Wenn die Stelzen weich sind, aus dem Saft heben.
5. Das Mehl mit kaltem Wasser zu einem flüssigen, glatten Mehlteig rühren und die Soße damit binden.
6. Soße abschmecken und passieren.

Als Beilagen eignen sich Semmelknödel (➜ S. 109, 228), Polenta (➜ S. 142), Nockerl (➜ S. 178) oder Erdäpfelvarianten.

Krenfleisch

6 | 70 Minuten | ●●●

Zutaten

Fond

2 l	Wasser
1/8 l	Hesperiden-Essig
2 EL	Salz
	Kümmel, gemahlen
1	Lorbeerblatt
1 kg	magere Schweinsbrust
3	Karotten
1/4	Knollensellerie
1/2	Stange Lauch
	Kren

Zubereitung

1. Wasser mit Essig und den Gewürzen aufkochen.
2. Die Schweinsbrust einlegen und etwa 40 Minuten leicht köcheln lassen.
3. Das Gemüse in Streifen oder klein schneiden, dazugeben und weitere 20 Minuten leicht köcheln lassen.
4. Das Fleisch herausnehmen, aufschneiden und anrichten. Mit dem Gemüse und Fond bedecken, mit frisch gerissenem Kren bestreuen und mit Salz-Erdäpfeln servieren.

Faschierte Laibchen

Zutaten

1/2 kg	Faschiertes
1/8 l	Schlagobers
2	Eier
100 g	Semmelbrösel
1 EL	Butter
	Petersilie
	Salz
	Pfeffer
	Brösel zum Wälzen

Zubereitung

1. Schlagobers mit den Eiern verschlagen. Semmelbrösel gut in die Eiermasse einrühren.
2. Butter in einer Pfanne bräunen lassen und der Eier-Bröselmasse beigeben, gehackte Petersilie, Salz und Pfeffer unter das Faschierte mischen und abschmecken.
3. Laibchen formen, in Bröseln wälzen und in einer Pfanne mit Öl braten.

In der Steiermark werden die faschierten Laibchen wie ein Wiener Schnitzel mit Mehl, Ei und Semmelbrösel paniert, gebacken und mit Preiselbeermarmelade serviert. Sie schmecken gut mit Erdäpfelpüree (→ S. 140), Gemüse und einer frischen Paprikasoße (→ S. 144).

Gefüllte Zucchini

mit Schafkäse und Tomatensoße

Zutaten

2	kleine Zucchini
200 g	Faschiertes
1	Ei
kleiner Schuss	Schlagobers
30 g	Semmelbrösel
	Salz
	Pfeffer
	Petersilie
150 g	Schafkäse
20 g	Butter

Tomatensoße

1/8 l	Tomatensaft
1 TL	Tomatenmark
kleiner Schuss	Weißwein
1 TL	Zucker
1 Prise	Suppengewürz
	frisches Basilikum
1 TL	kalte Butter
	Salz

Zubereitung

1. Schlagobers mit Ei verschlagen, danach die Semmelbrösel in die Eiermasse einrühren.
2. Butter in einer Pfanne bräunen lassen. Dann mit fein gehackter Petersilie und der Ei-Bröselmasse unter das Faschierte mischen und mit Salz und Pfeffer abschmecken.
3. Die Zucchini der Länge nach halbieren und mit einem kleinen Löffel das Kerngehäuse ausschaben.
4. Die Zucchinihälften mit dem Faschierten füllen.
5. Schafkäse in etwa 3 mm dicke Scheiben schneiden und das Faschierte damit bedecken.

Tomatensoße

6. Tomatensaft und Tomatenmark mit Weißwein aufkochen.
7. Mit wenig Suppengewürz, Salz und Zucker würzen.
8. Die kalte Butter dazugeben und mit einem Schneebesen verschlagen. Nun das Basilikum einlegen, zwei Minuten kochen lassen und wieder entfernen.
9. Die gefüllten Zucchinihälften in eine feuerfeste Schüssel oder Pfanne setzen, mit der Tomatensoße umgießen und im Backrohr bei 200 °C auf der mittleren Schiene backen, bis der Schafkäse eine bräunliche Farbe annimmt.

Gefüllte Paprika

👤 4 | ⏱ 100 Minuten | ●●●

in Tomatensoße

Zutaten

4	Paprikaschoten
250 g	Faschiertes
1	Zwiebel, fein geschnitten
20 ml	Öl
	Salz
	Pfeffer
120 g	Reis
300 ml	Wasser
25 g	Butter

Tomatensoße

20 ml	Öl (Olivenöl)
1	Zwiebel, fein geschnitten
2	Knoblauchzehen, gehackt
50 g	Tomatenmark
1/8 l	Rotwein
1 Dose	gewürfelte Tomaten
1/2 l	Wasser
10 g	Salz
10 g	Zucker
10 g	Suppengewürz
1 Prise	Oregano

Petersilerdäpfel
(➔ S. 139)

Zubereitung

Vorbereitung

1. Reis mit Wasser, 25 g Butter und 12 g Salz aufkochen. Auf kleinster Flamme zugedeckt das ganze Wasser aufsaugen lassen.
2. Die Paprikaschoten rund um den Stiel einschneiden, diesen herausziehen, Samenkörner entfernen und auswaschen. Den Deckel beiseite legen.

Tomatensoße

3. Für die Tomatensoße Zwiebel in Olivenöl anschwitzen, anschließend Knoblauch beigeben und ebenfalls anschwitzen.
4. Das Tomatenmark einrühren, mit Rotwein ablöschen, mit Tomatenwürfeln und Wasser auffüllen, würzen und circa 1/4 Stunde köcheln lassen. Danach die Soße mixen und passieren.

Paprikafülle

5. Für die Fülle die feingeschnittene Zwiebel in Öl hellbraun anschwitzen.
6. Das Faschierte beimengen, mit Salz und Pfeffer würzen. Dann locker anrösten und unter den Reis mengen.
7. Die Paprikaschoten damit füllen, Deckel wieder aufsetzen und aufrecht in einen Topf stellen.
8. Mit Tomatensoße auffüllen, einmal aufkochen lassen, zugedeckt auf kleiner Flamme etwa 1 Stunde leicht köcheln lassen.
9. Mit Petersilerdäpfeln als Beilage servieren.

Rindsgeschnetzeltes

4 | 100 Minuten | ●●●

in Schwarzbiersoße

Zutaten

3	Zwiebeln
2 EL	Butterschmalz oder Öl
800 g	Rindfleisch (Schulter oder Hals)
50 g	Hamburger Speck
20 ml	Hesperiden-Essig
100 ml	Dunkles Bier
10 g	Suppengewürz
	Salz
	Pfeffer
	Zucker
	Majoran
1	Lorbeerblatt
	Kümmel, gemahlen
1/2 l	Wasser
1 EL	Mehl

Zubereitung

1. Die Zwiebeln in feine Streifen schneiden und in Butterschmalz hellbraun rösten.
2. Den Speck in Streifen schneiden, dazugeben und etwas mitrösten.
3. Das Rindfleisch in Streifen schneiden und ebenfalls etwas mitrösten.
4. Den Essig, das Bier und die Gewürze dazugeben, etwas reduzieren lassen und mit Wasser auffüllen.
5. Zugedeckt etwa eine Stunde leicht kochen lassen.
6. Wenn das Fleisch weich ist, das Mehl mit etwas kaltem Wasser zu einem glatten Teig verrühren, die Soße damit binden und abschmecken.

Als Beilage passt fast alles: Nudeln, Erdäpfel, Semmelknödel (➜ S. 108), Polenta (➜ S. 142), Reis und Gemüse.

Gedünsteter Ochsenschlepp

2 | 1 Stunde 2 Stunden | ●●●

Zutaten

2–4	Stk Ochsenschlepp
2	Karotten
1/2	Knollensellerie
1	Zwiebel
1 EL	Preiselbeermarmelade
2 TL	Dijon-Senf
1 EL	Tomatenmark
1/4 l	Rotwein
	Salz
	Pfeffer
	Suppengewürz
1	Lorbeerblatt
	Wacholderbeeren
	Zucker
	Wasser
1 TL	Stärkemehl
	Öl

Zubereitung

1. Karotten und Sellerie schälen, grob schneiden und im Druckkochtopf (falls vorhanden) in etwas Öl anrösten.
2. Zwiebel schälen, ebenfalls grob schneiden, zum Gemüse geben und mitrösten.
3. Jeden Ochsenschlepp salzen und pfeffern, mit Dijon-Senf einstreichen und in einer Pfanne mit etwas Öl auf allen Seiten braten.
4. Tomatenmark zum Gemüse geben, etwas anrösten und mit Rotwein ablöschen. Die Gewürze und die Preiselbeermarmelade hineingeben und etwas reduzieren lassen.
5. Die gebratenen Ochsenschleppstücke dazugeben, mit etwas Wasser auffüllen und je nach Größe der Fleischstücke 20–25 Minuten im Druckkochtopf dünsten. Ohne Druckkochtopf dauert es etwa 1,5 Stunden.
6. Die Soße passieren und mit in kaltem Wasser aufgerührtem Stärkemehl binden.

Als Beilage passen Nockerl, Nudeln, Reis oder Erdäpfel sowie Preiselbeermarmelade.

Rindsgulasch

4 | 2 Stunden |

Zutaten

60 ml	Öl
4	große Zwiebeln
3	Knoblauchzehen
2 EL	Paprikapulver
30 ml	Hesperiden-Essig
800 ml	Wasser
800 g	Gulaschfleisch
10 g	Salz
	Pfeffer
1 TL	Majoran
1/2 TL	Kümmel gemahlen
10 g	Suppengewürz
30 g	Mehl

Zubereitung

1. Die Zwiebeln fein schneiden und in Öl hell rösten.
2. Den Knoblauch fein hacken, zu den Zwiebeln geben und anschwitzen.
3. Topf vom Herd nehmen und etwas abkühlen lassen.
4. Paprizieren, gut durchrühren, mit Essig ablöschen und mit Wasser auffüllen.
5. Gulaschfleisch in Würfel schneiden.
6. Gewürze und Fleisch dazugeben und das Gulasch zugedeckt rund 1,5 Stunden leicht kochen lassen.
7. Wenn das Fleisch weich ist, das Mehl mit etwas kaltem Wasser zu einem dünnen Mehlteig verrühren und das Gulasch damit binden.
8. Abschmecken und gegebenenfalls mit Tabasco und diversen anderen Gewürzen verfeinern.

Kalbsgulasch

Zutaten

1 kg	Kalbsgulaschfleisch
3	Zwiebeln
4 EL	Butterschmalz oder Öl
3	Knoblauchzehen
25 g	Paprikapulver
1 l	Wasser
20 g	Suppengewürz
1	Zitrone
	Salz
	Pfeffer
35 g	Mehl
100 g	Sauerrahm

Zubereitung

1. Die Zwiebeln fein schneiden und in Butterschmalz hell anschwitzen. Knoblauch schälen, klein schneiden und etwas mitschwitzen.
2. Topf vom Herd nehmen, etwas abkühlen lassen, paprizieren und gut verrühren.
3. Mit Wasser auffüllen, die Zitronenschale hineinreiben, den Saft auspressen und hineingießen, würzen.
4. Das Fleisch in Würfel schneiden, dazugeben und leicht köcheln lassen.
5. Wenn das Fleisch weich ist, aus dem Saft stechen.
6. Sauerrahm mit etwas kaltem Wasser und Mehl glattrühren und den Gulaschsaft damit binden.
7. Den Saft durch ein Sieb passieren, das Fleisch dazugeben, noch einmal aufkochen, abschmecken.
8. Mit Nockerln oder Nudeln servieren.

Kuttelgulasch

8 | 75 Minuten | 5 Stunden | ●●●

Zutaten

1 kg	Kutteln, zugeputzt

Fond

2 l	Wasser
2	Karotten
1/4	Knollensellerie
1	Petersilienwurzel
1/2	Zwiebel
1/2	Zitrone
30 ml	Essig
30 g	Salz
	Wacholderbeeren
	Pfefferkörner
	Lorbeer

Gulasch

40 g	Butterschmalz
3	Zwiebeln
5	Knoblauchzehen
200 g	Hamburger Speck
30 g	Paprikapulver, edelsüß
100 ml	Weißwein
20 ml	Hesperiden-Essig
3/4 l	Kuttelfond
10 g	Suppengewürz
	Saft 1/2 Zitrone
	Pfeffer
	Kümmel, gemahlen
	Majoran
1/8 l	Schlagobers
120 g	Sauerrahm
40 g	Mehl

Zubereitung

Kutteln kochen

1. Um den extravaganten Kuttelgeschmack zu mildern, sollen die sauber zugeputzten Kutteln eine Nacht in viel Wasser auswässern. Danach stellt man sie in reichlich Wasser zu und kocht sie einmal ordentlich auf, danach schüttet man das Wasser weg. Diesen Vorgang ein zweites Mal wiederholen.
2. Für den Fond alle Zutaten in einen Topf geben, die Zitrone auspressen, Saft und Schalenhälften zum Fond geben und aufkochen. Die vorgekochten Kutteln dazugeben und etwa 4 Stunden bei milder Hitze kochen.
3. Die Kutteln mit einer Gabel aus dem Kochsud nehmen und kaltstellen. (Es müssten jetzt circa 3/4 kg Kutteln übrigbleiben.) Den Fond abseihen und zur Weiterverwendung bereitstellen.

Kuttelgulasch

4. Die ausgekühlten Kutteln in feine Streifen schneiden (wie bei einem Beuschel), ebenfalls den Hamburger Speck. Den Knoblauch schälen und klein schneiden.
5. Zwiebeln kleinwürfelig schneiden und in Butterschmalz hell anrösten, Speck und Knoblauch dazugeben und mitrösten.
6. Topf vom Herd nehmen und etwas überkühlen lassen, paprizieren, gut durchrühren, mit Weißwein und Essig ablöschen und mit Kuttelfond auffüllen. Gewürze dazugeben und aufkochen.
7. Sauerrahm und Obers mit Mehl in einer Schüssel glatt verrühren und die Soße damit binden.
8. Die geschnittenen Kutteln dazugeben und einmal aufkochen lassen.
9. Abschmecken und mit frisch gehackter Petersilie bestreuen.

Das ist das berühmte Kuttelgulasch-Rezept meiner Mutter aus dem „Krimpelstätter". Die klassische Beilage hierfür ist Polenta (➜ S. 142).

Gebackener Kalbskopf

10 | 60 Minuten | 6 Stunden | ●●●

Zutaten

- 1/2 Kalbskopf mit Knochen und Zunge, sauber vom Metzger zugeputzt
- 2 Karotten
- 1 Petersilienwurzel
- 1/2 Knollensellerie
- Salz
- Pfefferkörner
- Wacholderbeeren
- Lorbeerblätter
- Koriandersamen, gemahlen
- Schale von 1 Zitrone
- Schale von 1/2 Orange
- 30 g frisch gerissener Kren

- Salz
- Pfeffer
- Mehl, Ei, Semmelbrösel zum Panieren
- Öl zum Frittieren

Zubereitung

1. Falls das Hirn vom Metzger aus dem Kalbskopf noch nicht entfernt wurde, dieses jetzt herausnehmen. Die Haut des Kalbskopfes kontrollieren und etwaige Verunreinigungen mit einem scharfen Messer entfernen.
2. Das Gemüse gut waschen und grob würfeln.
3. In einem großen Topf einen Sud aus reichlich Wasser, Gemüse, Salz, Pfefferkörnern, Wacholderbeeren, Lorbeerblättern und gemahlenen Koriandersamen bereiten.
4. Den Kalbskopf mit der Zunge einlegen und weichkochen (das dauert etwa 1,5 bis 2 Stunden).
5. Den fertig gekochten Kalbskopf aus dem Kochsud nehmen und noch heiß das Kopffleisch vom Knochen lösen. Dieses Fleisch wird „Maske" genannt. Die Haut der Kalbszunge abziehen.
6. Ein nasses Küchentuch auf eine Arbeitsfläche legen und mit Frischhaltefolie bedecken.
7. Das Maskenfleisch mit der Haut nach unten auf die Folie legen. Die Zunge und das übrige Fleisch in etwa 2 cm dicke Streifen schneiden und auf das Maskenfleisch legen.
8. Mit Salz, Pfeffer, gemahlenen Koriandersamen, frisch gerissenem Kren und dem Abrieb der Zitronen sowie Orangenschale würzen.
9. Wie einen Serviettenknödel fest einrollen, die Enden mit einer Schnur zusammenbinden und 4 Stunden kaltstellen.
10. Die kalte Kalbskopfrolle auspacken, in 1 cm dicke Scheiben schneiden, leicht salzen, in Mehl, verschlagenem Ei und Semmelbrösel panieren und in heißem Fett goldgelb backen.

Es ist sehr wichtig, dass der Kochsud schon so intensiv gewürzt ist, wie der Kalbskopf dann schmecken soll. Als Beilage serviert man am besten einen warmen Erdäpfel-Vogerlsalat mit Kürbiskernöl (→ S. 44).

Kalbsbeuschel

15–20 | 4 Stunden | ●●●

Zutaten

Kochfond

	Kalbslunge, Herz und Zunge
ca. 5 l	Wasser
1 EL	Pfefferkörner
1 EL	Wacholderbeeren
8	Lorbeerblätter
	Hesperiden-Essig
	Salz

Beuschelsoße

200 ml	Öl
200 g	glattes Mehl
30 g	Zucker
2,5 l	Kochfond vom Beuschel
3	Knoblauchzehen
1 EL	Majoran
1 TL	Thymian
1 TL	Kümmel, gemahlen
1 EL	Paprikapulver, edelsüß
3 EL	Estragon-Senf
10	mittelgroße Essiggurkerl mit Essiggurkerlwasser
2 EL	Kapern
1	große Zwiebel
4	Lorbeerblätter
	Schale von 1 Zitrone
	Suppengewürz
	Salz
	Pfeffer

Zubereitung

1. Kalbslunge, Herz und Zunge (sauber vom Metzger zugeputzt, also ohne Luftröhre und das Herz vom Fett befreit) unter fließendem Wasser gut waschen.
2. In einem großen Topf einen Sud aus reichlich Wasser mit den Gewürzen, Salz und Essig bereiten. Es ist sehr wichtig, dass der Kochfond ausreichend gesalzen wird und schon sehr gut säuerlich schmeckt.
3. Lunge, Herz und Zunge darin einlegen und auf kleiner Flamme leicht köcheln lassen, dabei immer wieder die Lunge umdrehen, das dauert in etwa 1,5 Stunden.
4. Wenn Sie mit einer Fleischgabel in die Lunge stechen und kein Blut mehr austritt, ist sie durch. Nun die Lunge, Zunge und Herz aus dem Kochsud nehmen und die Haut der Zunge entfernen. Den Kochfond für die Soße abseihen und bereithalten.
5. Um das anschließende Aufschneiden des Beuschel-Fleisches zu erleichtern, pressen Sie dieses in eine Form. Sehr gut eignen sich dazu zwei Kochtöpfe, die ineinander passen. Legen Sie die heißen Fleischstücke in den größeren, bedecken Sie sie mit Frischhaltefolie, stellen Sie den kleineren Topf darauf und befüllen Sie diesen mit kaltem Wasser. Das Beuschel-Fleisch sulzt so zu einem Block zusammen, was die folgende Arbeit extrem erleichtert. Mindestens 6 Stunden kaltstellen.
6. Die ausgekühlten Beuschel-Fleischstücke in feine Streifen schneiden. Dafür eignet sich eine Aufschnittmaschine hervorragend. Schneiden Sie mit dieser das Beuschel in Blätter in der Stärke von etwa 1,5 mm. Anschließend schneiden Sie das Beuschel-Fleisch mit einem Messer feinnudelig.

Beuschelsoße

7. Stellen Sie etwa 2,5 l Kochfond zum Ablöschen der Einbrenn bereit.
8. Öl in einem ausreichend großen Topf erhitzen, das Mehl sowie den Zucker dazugeben und zu einer sehr dunkelbraunen Einbrenn rösten.
9. Wenn Sie denken, jetzt ist das Mehl angebrannt, ist es genau der richtige Zeitpunkt, mit dem Kochfond abzulöschen (das braucht etwas Mut, ist aber für den Geschmack sehr wichtig!)
10. Essiggurkerl, Kapern und Zwiebel in einem Mixbecher mit dem Essiggurkerlwasser und den Lorbeerblättern fein pürieren und zur Beuschelsoße geben.
11. Restliche Gewürze, Senf und den Abrieb einer Zitrone dazugeben und aufkochen.
12. Das geschnittene Beuschel dazugeben, noch einmal aufkochen und abschmecken. Gegebenenfalls noch einen kleinen Schuss Hesperiden-Essig beifügen.

Da sich die Lunge beim Kochen auf nahezu das Doppelte ausdehnt, benötigen Sie dazu einen sehr großen Topf mit ungefähr 8–10 l Fassungsvermögen.

Für ein Kalbsbeuschel eine genaue Rezeptur zu schreiben, ist schwer möglich, da man die Fleischzutaten nur im Ganzen bekommt und die Gewichte sich daher sehr unterscheiden. Beuschel kocht man nach Gefühl.

Blutwurst

30 | 4 Stunden | ●●●

Zutaten

1 Schweinskopf, der Länge nach halbiert, ohne Hirn, vom Metzger sauber zugeputzt
200 g Bauchfilz vom Schwein (Fettgewebe aus dem Bauchraum)
750 g Schweineschwarte
500 g Schweinsgoder mit Schwarte
1,25 l Schweineblut
1/4 l vom Kochsud
70 g Röstzwiebel
80 g Blutwurstgewürz (→ S. 182)
300 g Knödelbrot
Salz
Pfeffer

10 Meter Schweinsdarm, Durchmesser 32–34 mm

Das Brät soll zunächst etwas überwürzt schmecken, durch die Süße des Blutes wird die Wurst beim Garen milder. Um festzustellen, ob die Blutwurst durch ist, mit einer feinen Gabel oder Nadel anstechen. Es darf kein Blut mehr austreten.

Zubereitung

1. Den sauber zugeputzten Schweinskopf in reichlich Salzwasser kochen.
2. Nach 1 Stunde Kochzeit den Bauchfilz sowie Goderl und Schwarte dazugeben und weichkochen.
3. Alles aus dem Kochsud nehmen und das Fleisch der Schweinskopfhälften noch heiß vom Knochen lösen.
4. Die noch heißen Fleischstücke durch einen Fleischwolf mit einer Lochscheibe von etwa 3 mm faschieren.
5. Das Blut sowie den Kochsud, die Gewürze, die Röstzwiebel und das Knödelbrot zur Fleischmasse geben und alles gut vermischen.
6. Abschmecken, gegebenenfalls nachsalzen und pfeffern.
7. Den Schweinsdarm in warmem Wasser gut wässern.
8. Mit einer Wurstspritze das Blutwurstbrät in die Därme füllen.
9. Beim anschließenden sogenannten Abdrehen wird der gefüllte Darm alle 15 cm mit Daumen und Zeigefinger zusammengedrückt und die zwischen den beiden Händen liegende Wurstportion zwei- bis dreimal gedreht.
10. Einen ausreichend großen Topf halbvoll mit Wasser füllen und erhitzen. Das Wasser darf nicht mehr als 78 °C erreichen (verwenden Sie ein Küchenthermometer), da die Würste bei zu hoher Temperatur aufplatzen.
11. Nun die Blutwürste in das Wasser einlegen und 20 bis 25 Minuten garziehen lassen.
12. Wenn sie gar sind, vorsichtig aus dem Kochwasser nehmen und anschließend sofort unter kaltem fließendem Wasser vollständig abkühlen lassen.
13. Die Würste ein paar Stunden an einem kühlen Ort oder im Kühlschrank trocknen lassen.

Breinwurst

30 | 4 Stunden | ●●●

Zutaten

1	Schweinskopf, der Länge nach halbiert, ohne Hirn, vom Metzger sauber zugeputzt
2 kg	Schweinsschopf
1 kg	Schweinsgoder mit Schwarte
1 kg	Schweineschwarte
70 g	Röstzwiebel
60 g	Breinwurstgewürz (➔ S. 182)
	Salz

Für die Brein

300 g	6-Korn-Getreide-mischung
400 g	Hirse
1 l	Kochsud

10 Meter Schweinsdarm, Durchmesser 32–34 mm

Die Breinwurst ist eine oststeirische und südburgenländische Wurstspezialität. Unter „Brein“ versteht man weichgekochtes Getreide. Sie kam über den Lungau nach Salzburg. Dort wurde der Wurstmasse Schweineblut zugegeben und sie wurde „Schwarz-Breinwurst“ genannt.

Zubereitung

1. Den vom Metzger sauber zugeputzten Schweinskopf in reichlich Salzwasser kochen.
2. Nach 1 Stunde Kochzeit den der Länge nach halbierten Schweinsschopf sowie Goderl und Schwarte dazugeben und weichkochen.
3. Alles aus dem Kochsud nehmen. Den Kochsud durch ein Sieb passieren und beiseite stellen. Das Kopffleisch noch heiß vom Knochen lösen.
4. Die noch heißen Fleischstücke durch einen Fleischwolf mit einer Lochscheibe von etwa 3 mm faschieren.
5. Für den Brein die 6-Korn-Getreidemischung mit dem Kochsud etwa eine Viertelstunde leicht köcheln lassen. Danach die Hirse dazugeben und leicht weiterköcheln, bis die gesamte Flüssigkeit aufgesogen ist.
6. Die gekochte Brein zur Fleischmasse geben und mit Röstzwiebeln und dem Breinwurstgewürz sowie Salz gut mischen, danach abschmecken.
7. Den Schweinsdarm in warmem Wasser gut wässern.
8. Mit einer Wurstspritze das Breinwurstbrät in die Därme füllen.
9. Beim anschließenden sogenannten Abdrehen wird der gefüllte Darm alle 15 cm mit Daumen und Zeigefinger zusammengedrückt und die zwischen den beiden Händen liegende Wurstportion zwei- bis dreimal gedreht.
10. Einen ausreichend großen Topf halbvoll mit Wasser füllen und erhitzen. Das Wasser darf nicht mehr als 78 °C erreichen (verwenden Sie ein Küchenthermometer), da die Würste bei zu hoher Temperatur aufplatzen.
11. Die Würste danach vorsichtig aus dem Kochwasser nehmen und anschließend sofort unter kaltem fließendem Wasser vollständig abkühlen lassen.
12. Die Würste ein paar Stunden an einem kühlen Ort oder im Kühlschrank trocknen lassen.

Steirische Bluttommerl

4 | 30 Minuten | ●●●

Zutaten

1/3 l	Milch
1/3 l	Wasser
1/3 l	Schweineblut
2	Zwiebeln
1	Knoblauchzehe
2	Eier
	Salz
	Pfeffer
	Majoran
250 g	Mehl
	Schweineschmalz

Zubereitung

1. Backofen auf 220 °C vorheizen.
2. Zwiebeln fein schneiden und in Schmalz hellbraun rösten. Knoblauch fein schneiden und etwas mitschwitzen.
3. Milch, Wasser und Blut verrühren und durch ein Sieb seihen.
4. Alle Zutaten miteinander verrühren.
5. Am besten in einer Eisenpfanne mit etwas heißem Schmalz fingerdick eingießen, anbraten und im Backrohr etwa eine Viertelstunde backen.
6. In Dreiecke reißen oder schneiden.

Bluttommerl können als Einlage in einer sauren Suppe wie der Ennstaler Rahmsuppe (→ S. 67) oder mit grünem Salat serviert werden.

Erdäpfelgulasch

4 | 1,5 Stunden | ●●●

Zutaten

20 g	Butterschmalz
100 g	Zwiebeln
2	Knoblauchzehen
20 g	Paprikapulver, edelsüß
20 ml	Hesperiden-Essig
2 1/2 l	Wasser
15 g	Suppengewürz
6 g	Salz
1 g	Kümmel, gemahlen
1 Prise	Pfeffer
1/2 TL	Majoran
1	Lorbeerblatt
600 g	Erdäpfel (speckig)
1	Paprika
2	Pfefferoni
4	Essiggurkerl, mittelgroß
200 g	Braunschweiger
20 g	Mehl
	Tabasco

Zubereitung

1. Zwiebel feinwürfelig schneiden und in Butterschmalz hellbraun anrösten, Knoblauchzehen fein schneiden, dazugeben und hell anschwitzen.
2. Topf vom Herd nehmen, etwas abkühlen lassen und das Paprikapulver dazugeben, gut verrühren, mit Essig ablöschen und mit Wasser aufgießen. Gewürze beigeben und aufkochen lassen.
3. Erdäpfel und Braunschweiger in 2–3 cm große Würfel schneiden, Paprika, Essiggurkerl und Pfefferoni in 1–2 cm große Würfel schneiden und alles dazugeben.
4. Wenn die Erdäpfel durch sind, aus Mehl und etwas kaltem Wasser einen glatten Mehlteig anrühren und damit das Erdäpfelgulasch binden.
5. Abschmecken und dem Gulasch mit Chili oder Tabasco noch etwas Feuer geben.

Erdäpfelgulasch wird mit dem Aufwärmen immer besser, es empfiehlt sich also, gleich eine größere Menge zuzubereiten. Die Arbeit bleibt dieselbe.

Linseneintopf

2 | 1 Stunde 10 Stunden Einweichzeit | 

Zutaten

80 g	Linsen
1 EL	Butterschmalz
1/2	Zwiebel
1	Knoblauchzehe
1/2	Karotte
60 g	Knollensellerie
30 g	Hamburger Speck
40 g	Braunschweiger
1 TL	Mehl
1 Spr.	Hesperiden-Essig
	Schale von 1/2 Zitrone
	Salz
	Suppengewürz
	Pfeffer
1	Lorbeerblatt
	Petersilie

Zubereitung

1. Linsen über Nacht in reichlich Wasser einweichen.
2. Linsen abseihen, das Einweichwasser wird nicht mehr benötigt.
   Die Linsen in reichlich Wasser kernig weichkochen und abseihen. Das Kochwasser auffangen und zum Aufgießen verwenden.
3. Während die Linsen kochen, die Zwiebel feinwürfelig, Speck und Braunschweiger sowie das Gemüse würfelig und den Knoblauch ebenfalls fein schneiden.
4. Zwiebel, Speck und Gemüse in Butterschmalz anschwitzen, den Knoblauch dazugeben und mitschwitzen.
5. Mit Mehl stauben und mit 3/8 l Linsenfond aufgießen.
6. Linsen, Gewürze und Braunschweiger dazugeben, gut durchkochen.
7. Abschmecken und mit gehackter Petersilie vollenden.

Ritschert

4 | 45 Minuten 10 Stunden Einweichzeit | 

Zutaten

3 EL	Schmalz
1	Zwiebel
1	Petersilienwurzel
250 g	Geselchtes
100 g	Bohnen (jede Art)
200 g	Rollgerste
1 l	Wasser (Selchfond)
20 g	Suppengewürz
	Salz
	Pfeffer
	Liebstöckel
	Lorbeerblatt
	Hesperiden-Essig

Zubereitung

1. Ob Käferbohnen, Indianer- oder Wachtelbohnen, ist egal. Diese über Nacht in Wasser einweichen.
2. Geselchtes in ungesalzenem Wasser etwa 1 Stunde kochen. Den Selchfond unbedingt aufheben!
3. Einen Liter Selchfond für die spätere Verwendung beiseite stellen. Im restlichen Fond die Bohnen halb weich kochen.
4. Zwiebel feinwürfelig schneiden und in Schmalz anschwitzen. Die Petersilienwurzel schälen, klein schneiden und mit der Zwiebel etwas mitrösten.
5. Rollgerste waschen und mit den vorgekochten Bohnen zu den Zwiebelwürfeln geben.
6. Mit 1 l Selchfond aufgießen, würzen und etwa 20 Minuten langsam köcheln lassen.
7. Das Geselchte in Würfel schneiden, dazugeben und fertigkochen.
8. Mit etwas Essig abschmecken.

Das Ritschert ist ein sehr altes Gericht aus dem südlichen Alpenraum. Es besteht aus verschiedenen Zutaten wie nahrhaften Bohnen, Rollgerste, Gemüse und saftigem Geselchten, die zu einem schmackhaften Eintopf gekocht werden.

Man kann auch Dosenbohnen verwenden, dann erspart man sich das Einweichen über Nacht.

Spargel

4 | 40 Minuten | ●●●

Zutaten

1 kg	Spargel
2 l	Wasser
1/8 l	Weißwein
	Saft und Schale von 1 Zitrone
25 g	Salz
15 g	Zucker

Zubereitung

1. Den Spargel vom Kopf nach unten schälen und etwa 1 cm vom unteren Ende wegschneiden.
2. Wasser mit den Spargelschalen einmal aufkochen, danach die Spargelschalen entfernen.
3. Den Kochfond mit Weißwein, Salz, Zucker und Zitronensaft würzen. Die Zitronenschalen ebenfalls dazugeben und aufkochen.
4. Spargel einlegen, einmal aufkochen, danach den Topf vom Herd ziehen und den Spargel zugedeckt knackig durchziehen lassen.

Spargel ist ein Luxusgemüse, ein Aphrodisiakum, sollte also mit viel Liebe zubereitet werden. Spargel bekommt man in weiß, grün oder violett. Welcher besser ist, ist Geschmackssache. Wichtig ist, Spargel so frisch wie möglich zu kaufen: Aus der Schnittstelle soll noch der Saft kommen, weiters soll der Spargel fest und nicht gummiartig sein. Je dicker die Stangen, desto leichter sind sie zu schälen und desto besser die Qualität.

Apropos schälen: Dazu sollte man sich genügend Zeit und einen dafür vorgesehenen Spargelschäler nehmen und die Stangen lieber großzügig abschälen, zumal man die Spargelschalen für den Kochfond benötigt, aus dem sich wiederum eine hervorragende Suppe (➜ S. 67) herstellen lässt. Man schält grünen Spargel von der Mitte nach unten und weißen vom Kopf weg nach unten, ohne die Blüte zu verletzen und schneidet unten etwa 1 cm weg, weil die Stange meist unten am holzigsten ist.

Zu Spargel passt so ziemlich alles, jede Art von Erdäpfelzubereitung, Blattspinat, Cremespinat etc. Er kann als Vorspeise, Salat, Beilage oder als Hauptakteur auf dem Teller in diversen Variationen genossen werden.
Zum Beispiel:

- Spargel mit zerlassener Butter
- Spargel mit Eierspeise
- Spargel mit Eierspeise und sautierten Champignons oder anderen Pilzen
- Spargel mit Eierspeise und einem kleinen Schuss Kürbiskernöl
- Spargel mit Butterbröseln (➜ S. 141) oder Sauce polonaise (➜ S. 141)
- Spargel mit Sauce hollandaise (➜ S. 149)
- Spargel mit Schinken und Käse überbacken

Gebackene Zucchini in Bierteig

4 | 75 Minuten |

Zutaten

3 Zucchini
1 Knoblauchzehe
Salz
Olivenöl
griffiges Mehl
Bier-Backteig (➜ S. 180)
Backfett

Tomatensoße (➜ S. 144)

Man kann auch andere Gemüsesorten verwenden.

Zubereitung

1. Zucchini in Scheiben schneiden, Knoblauch durch die Knoblauchpresse pressen.
2. Zucchini mit Knoblauch, Salz und ganz wenig Olivenöl marinieren und etwa 1 Stunde ziehen lassen.
3. In der Zwischenzeit die Tomatensoße und den Bier-Backteig zubereiten.
4. Backfett erhitzen.
5. Zucchini in griffigem Mehl wälzen, durch den Backteig ziehen, in das heiße Fett einlegen und durchbacken, wenden, auf Küchenpapier abtropfen lassen.
6. Mit Tomatensoße servieren.

Schwammerlgulasch

Zutaten

1/2 kg	Eierschwammerl
2 EL	Butter
1/2	Zwiebel
200 g	Hamburger Speck
1 TL	Paprikapulver
	Salz
	Pfeffer
40 ml	Weißwein
1/4 l	Schlagobers
1/8 l	Sauerrahm
etwas	Mehl
etwas	Liebstöckel
	Petersilie

Zubereitung

1. Eierschwammerl putzen, waschen und gegebenenfalls kleiner schneiden.
2. Eine Pfanne erhitzen, Eierschwammerl ohne Fett dazugeben und das Wasser austreten lassen. Die Eierschwammerl darin sautieren. Danach in ein Sieb gießen, die restliche Flüssigkeit wegschütten.
3. Zwiebel fein schneiden, Hamburger Speck in Streifen schneiden und mit der Zwiebel anrösten.
4. Pfanne vom Herd nehmen, Paprikapulver einrühren, Eierschwammerl dazugeben, salzen und pfeffern. Mit Weißwein ablöschen und mit Obers auffüllen, aufkochen lassen.
5. Sauerrahm mit etwas Wasser und Mehl verrühren, die Eierschwammerl damit binden.
6. Abschmecken und vor dem Servieren mit frisch gehacktem Liebstöckel und Petersilie vollenden.

Sautierte Eierschwammerl

2 | 30 Minuten |

Zutaten

1/2 kg	Eierschwammerl
1 EL	Butter
1/2	kleiner Zwiebel
	Salz, Pfeffer
	etwas Suppengewürz
20 ml	Weißwein
	Petersilie
	etwas Liebstöckel

Passt auch als Vorspeise oder Beilage (die Menge dafür halbieren).

Zubereitung

1. Eierschwammerl putzen, waschen und gegebenenfalls kleiner schneiden.
2. Eine Pfanne erhitzen, Eierschwammerl ohne Fett hineingeben und das Wasser austreten lassen. Die Eierschwammerl darin sautieren. Dann in ein Sieb gießen, die restliche Flüssigkeit wegschütten.
3. Zwiebel fein schneiden und in Butter gut anschwitzen. Eierschwammerl dazugeben, anschwitzen, salzen und pfeffern und mit etwas Suppengewürz verfeinern. Mit Weißwein ablöschen.
4. Mit gehackter Petersilie und Liebstöckel abschmecken.

Schwammerlgröstl

Zutaten

150 g	Eierschwammerl
100 g	Steinpilze
3	Semmelknödel (➜ S. 108)
3	Eier
30 g	Butter
10 ml	Olivenöl
	Salz
	Pfeffer
	Petersilie und Liebstöckel, klein geschnitten

Besonders gut schmeckt dazu ein grüner Salat.

Zubereitung

1. Eierschwammerl putzen, waschen und gegebenenfalls kleiner schneiden.
2. Eine Pfanne erhitzen, Eierschwammerl ohne Fett dazugeben und das Wasser austreten lassen. Die Eierschwammerl darin sautieren und in ein Sieb gießen, die restliche Flüssigkeit wegschütten.
3. Steinpilze putzen (nicht waschen) und blättrig schneiden.
4. Gekochte und ausgekühlte Semmelknödel blättrig schneiden und mit den Steinpilzen in Butter und Olivenöl anrösten.
5. Wenn die Knödel Farbe bekommen, die Eierschwammerl dazugeben, salzen und pfeffern.
6. Liebstöckel und Petersilie dazugeben.
7. Eier hineinschlagen, noch einmal salzen und pfeffern, vorsichtig durchrühren.

Eierschwammerlsoße

Zutaten

1/2 kg	Eierschwammerl
2 EL	Butter
1/2	Zwiebel
	Salz
	Pfeffer
30 ml	Weißwein
1/4 l	Schlagobers
1/8 l	Sauerrahm
etwas	Mehl
etwas	Liebstöckel
	Petersilie

Zubereitung

1. Eierschwammerl putzen, waschen und gegebenenfalls kleiner schneiden.
2. Eine Pfanne erhitzen, Eierschwammerl ohne Fett dazugeben und das Wasser austreten lassen. Die Eierschwammerl darin sautieren. Die Eierschwammerl in ein Sieb gießen, die restliche Flüssigkeit wegschütten.
3. Zwiebel fein schneiden und in Butter gut anschwitzen.
4. Eierschwammerl dazugeben, anschwitzen, salzen und pfeffern. Mit Weißwein ablöschen, mit Obers auffüllen und aufkochen lassen.
5. Sauerrahm mit etwas Wasser und Mehl verrühren, die Eierschwammerl damit binden.
6. Abschmecken und vor dem Servieren mit frisch gehacktem Liebstöckel und Petersilie vollenden.

Steinpilzsoße

Zutaten

300 g	frische oder tiefgekühlte Steinpilze
3 EL	Olivenöl
1/8 l	Crème fraîche
	Salz
	Pfeffer
	Petersilie

Zubereitung

1. Steinpilze sauber putzen (nicht waschen) und blättrig schneiden.
2. In einer heißen Pfanne Steinpilze mit Olivenöl anrösten (sie sollen dabei etwas Farbe bekommen) salzen und pfeffern.
3. Crème fraîche und frisch gehackte Petersilie dazugeben, aufkochen, abschmecken und sofort servieren.

Eierschwammerl- oder Steinpilzsoße wird meist mit Semmelknödeln (➜ S. 108) oder Nudeln serviert oder als Beilage zu Fleisch oder Fisch.

Blattspinatnudeln mit Schafkäse

2 | 45 Minuten

Zutaten

300 g	hausgemachte Nudeln (➜ S. 178)
200 g	Blattspinat
3 EL	Butter
	Salz
	Pfeffer
150 g	Schafkäse

Zubereitung

1. Die Nudeln einmal überkochen und abseihen.
2. Die Butter aufschäumen lassen, den Blattspinat dazugeben und aufkochen lassen, mit Salz und Pfeffer würzen.
3. Die Nudeln dazugeben, gut durchrühren und zugedeckt kurz aufheizen.
4. Den Schafkäse in Würfel schneiden und unter die Nudeln mischen.
5. Abschmecken und anrichten.

Toskanische Nudeln

4 | 50 Minuten

Zutaten

2	Zwiebeln
5 ml	Olivenöl
1/4 kg	Faschiertes
170 g	Hörnchennudeln
1/2 l	Wasser
2 EL	Tomatenmark
10 g	Suppengewürz
	Salz
	Pfeffer

Zubereitung

1. Zwiebel feinwürfelig schneiden und in Olivenöl anrösten.
2. Das Faschierte dazugeben und etwas mitrösten.
3. Hörnchen dazugeben, mit Wasser aufgießen, tomatisieren und würzen.
4. Etwa 30 Minuten zugedeckt leicht kochen lassen.

Die Hörnchen kochen im Tomaten-Fleischsaft weich und nehmen dabei das gesamte Aroma der Flüssigkeit in sich auf.

Zitronennudeln mit Kapern

4 | 45 Minuten | ●●●

Zutaten

400 g Nudelteig
(➜ S. 178)

3 EL Butter
1 EL Olivenöl
2 EL Sauerrahm
1 Zitrone
1 Tomate
2 EL geschlagenes Obers
2 EL Kapern
etwas Wasser oder Suppe zum Schwenken
Salz
Pfeffer

Zubereitung

1. Den Nudelteig dünn ausrollen und 8 bis 10 mm breite Nudeln schneiden (oder mit einer Nudelmaschine herstellen). In Salzwasser einmal überkochen, in ein Sieb geben und kurz abschrecken.
2. Wasser in einem kleinen Topf zum Kochen bringen. Strunkansatz der Tomate entfernen, oben und unten die Haut leicht kreuzweise einschneiden, in das kochende Wasser einlegen und blanchieren, bis sich die Haut abziehen lässt. Danach mit kaltem Wasser abschrecken, die Tomate schälen, halbieren das Kerngehäuse entfernen und das Fleisch würfelig schneiden.
3. Die Zitrone waschen. Zitronenschale hauchdünn mit einem Messer abschälen und in feine Streifen schneiden.
4. In einer Pfanne Butter aufschäumen, die Zitronenstreifen dazugeben und kurz durchschwenken. Die Nudeln in der Pfanne mit etwas Wasser oder milder Suppe erwärmen, mit Salz und Pfeffer abschmecken. Unter ständigem Schwenken einige Stücke Butter untermischen, damit die Nudeln „schön mollig" werden.
5. Sauerrahm, Zitronensaft, Tomatenwürfel und Kapern dazugeben und zum Schluss geschlagenes Obers einmischen. In heißen tiefen Tellern anrichten.

Das Rezept stammt aus meiner Zeit im Korso, wir haben damals anstatt Kapern und Tomaten allerdings Kaviar verwendet und dieses Gericht als Vorspeise gereicht.

Anstelle der selbst gemachten Nudeln kann man natürlich auch gute Nudeln aus dem Handel (hier genügen 200 g) laut Packungsangabe al dente kochen.

Überbacken Schinkenfleckerl

4 | 1 Stunde | ●●●

Zutaten

300 g	Fleckerl
1/4 kg	Schinken
150 g	zimmerwarme Butter
2	Eier, getrennt
	Salz
	Pfeffer
	Muskatnuss, gemahlen
	Butter
	Semmelbrösel

Zubereitung

1. Backrohr auf 180 °C vorheizen.
2. Fleckerl in Salzwasser al dente kochen, anschließend in ein Sieb gießen und gut abtropfen lassen (nicht abschrecken).
3. Die heißen Fleckerl in eine Schüssel geben.
4. Den Schinken in Würfel schneiden und unter die Fleckerl mischen. Mit Salz und Pfeffer abschmecken und die Fleckerl etwa 15 Minuten rasten lassen. Die Nudeln trocknen dabei etwas ein und verbinden sich anschließend sehr gut mit der Butter-Eiermasse.
5. Die zimmerwarme Butter mit den Eidottern und etwas Salz und Muskat schaumig schlagen und unter die Schinkenfleckerl heben.
6. Aus Eiklar Schnee schlagen und locker unter die Schinkenfleckerl heben.
7. Eine Auflaufform mit etwas Butter ausstreichen und mit Semmelbröseln ausstreuen. Die Masse einfüllen.
8. Im Backrohr etwa 30 Minuten backen.

Die Schinkenfleckerl sollen außen schön knusprig sein. Anstatt Schinken kann man auch als vegetarische Variante kurz angedünstetes Gemüse aller Art unter die Fleckerl mischen.

Risotto mit Steinpilzen

2 | 30 Minuten | ●●●

Zutaten

120 g Risottoreis
4 EL Butter
Olivenöl
100 g frische Steinpilze
1 kleine Zwiebel
1/8 l Weißwein
1 EL geriebener Parmesan
1/4 l milde Rindssuppe
Salz
Pfeffer

Durch das Rühren reibt sich die Oberfläche der Reiskörner ab und bindet das Risotto.

Zubereitung

1. Steinpilze putzen (nicht waschen) und blättrig schneiden. Zwiebel schälen und fein schneiden.
2. In einem Topf 2 EL Butter aufschäumen. Zwiebel glasig anschwitzen, Reis dazugeben und kurz mitglacieren.
3. Mit Weißwein untergießen. Wenn die Flüssigkeit verdunstet ist, nach und nach mit heißer Rindssuppe aufgießen.
4. Immer wieder umrühren. Der Reis sollte bei kleiner Flamme vor sich hin köcheln. Nach etwa 15 Minuten die Steinpilze in einer Pfanne mit etwas Olivenöl kurz ansautieren und zum Reis geben.
5. Danach nochmals 2–3 Minuten köcheln lassen. Topf vom Herd nehmen und 2–3 EL kalte Butter einrühren. Mit geriebenem Parmesan, Salz und Pfeffer abschmecken.

Tomatenrisotto mit Basilikum

Zutaten

3 reife rote Tomaten
100 g Risottoreis
1 kleine Zwiebel, fein geschnitten
1 Schuss Weißwein
1/8 l Tomatensaft
Gemüsesuppe oder Wasser
2 EL Butter
frisches Basilikum
2 EL Parmesan
Salz
frische Basilikumblätter

Zubereitung

1. Tomaten häuten, halbieren und das Fruchtfleisch in Würfel schneiden.
2. In einem Topf etwa ein Drittel der Butter aufschäumen, Zwiebel darin glasig andünsten. Risottoreis darin kurz mit anschwitzen.
3. Danach mit Weißwein und Tomatensaft aufgießen.
4. Mit Salz und Pfeffer würzen, die Tomatenwürfel beigeben und nach und nach heiße Gemüsesuppe oder Wasser zugießen. Risotto unter ständigem Rühren bissfest dünsten.
5. Kurz vor dem Servieren kalte Butterflocken und Parmesan einrühren. Basilikumblätter abzupfen, waschen, in Streifen schneiden und unter das fertige Risotto rühren.

Grießknödel

4 | 40 Minuten 30 Minuten |

Zutaten

1/8 l	Milch
55 g	Grieß
30 g	Butter
1	Ei
2	Scheiben Toast
20 g	Hamburger Speck
	Salz

Zubereitung

1. Toastscheiben entrinden und in kleine Würfel schneiden.
2. Speck in kleine Würfel schneiden und etwas anrösten.
3. Mit Milch ablöschen, aufkochen, salzen, Grieß einrühren und etwa 5 Minuten kochen lassen. Danach etwa eine halbe Stunde kalt stellen.
4. Butter schaumig schlagen und mit dem Ei abtreiben.
5. Den ausgekühlten Grieß und die Toastwürfel in die Buttermasse einrühren und gut vermischen.
6. Knödel drehen und in leicht gesalzenem Wasser kochen.

Grießknödel werden gern zu Schweinsbraten oder Geselchtem gereicht.

Semmelknödel

Zutaten

180 g	Knödelbrot
2 EL	Butter
1/2	Zwiebel
1/8 l	Milch
2	Eier
	Salz
	Muskatnuss
	Petersilie

Zubereitung

1. Zwiebel fein schneiden und in Butter anschwitzen.
2. Topf vom Herd nehmen und mit Milch aufgießen, die Eier dazugeben und gut verschlagen.
3. Zwiebel-Eier-Milch zum Knödelbrot geben, würzen, gut vermischen und einige Minuten ziehen lassen.
4. Knödel drehen und in reichlich kochendem und Salzwasser etwa 12 Minuten leicht kochen lassen.

Feine Serviettenknödel

4 | 40 Minuten | ●●●

Zutaten

5	Semmeln
1/8 l	Milch
2	Eier
40 g	Butter
	Salz
	Muskatnuss

Zubereitung

1. Semmeln entrinden und in Würfel schneiden.
2. Milch und Butter auf mittlere Temperatur (circa 50 °C) erwärmen.
3. Alle Zutaten gut miteinander vermischen und die Masse etwas ziehen lassen.
4. Nasses Geschirrtuch oder Alufolie auf eine Arbeitsfläche legen, mit Frischhaltefolie bedecken. Danach die Knödelmasse daraufgeben, einrollen und mit einem Wurstspagat an den Enden zubinden – nicht zu fest, da die Knödelmasse aufgeht.
5. Den Serviettenknödel in leicht siedendem Wasser etwa 20 Minuten kochen.

Serviettenknödel

Zutaten

120 g	Knödelbrot
40 g	Butter
1/4	Zwiebel
100 ml	Milch
20 ml	Schlagobers
1 EL	Sauerrahm
2	Eier
	Salz
	Muskatnuss
	Petersilie

Zubereitung

1. Zwiebel fein schneiden und in Butter anschwitzen.
2. Mit Milch und Schlagobers aufgießen und vom Herd nehmen, Eier dazugeben und gut verschlagen.
3. Alle Zutaten gut miteinander vermischen und die Masse etwas ziehen lassen.
4. Nasses Geschirrtuch oder Alufolie auf eine Arbeitsfläche legen, mit Frischhaltefolie bedecken. Danach die Knödelmasse darin einrollen und mit einem Wurstspagat an den Enden zubinden – nicht zu fest, da die Knödelmasse aufgeht.
5. Den Serviettenknödel in leicht siedendem Wasser etwa 20 Minuten kochen.

Spinatknödel

Zutaten

250 g	Knödelbrot
250 g	Blattspinat
60 g	Butter
1/2	Zwiebel
1	Knoblauchzehe
140 ml	Milch
4	Eier
1 TL	Mehl
6 g	Salz
1 Prise	Pfeffer
1 Prise	Muskatnuss
	Geriebener Emmentaler
	Butter
	Schnittlauch

Zubereitung

1. Von frischem Blattspinat die Stiele entfernen, ihn in kochendem Wasser kurz blanchieren, anschließend sofort in kaltem Wasser abschrecken, gut ausdrücken (eine Erdäpfelpresse eignet sich hierfür besonders gut) und etwas zusammenschneiden. Einfacher geht's mit tiefgekühlten Blattspinat! Diesen nur auftauen, ausdrücken und zusammenschneiden.
2. Zwiebel fein schneiden, ebenso den Knoblauch.
3. Zwiebel in Butter hell anschwitzen, den gehackten Knoblauch dazugeben und etwas mitschwitzen. Vom Herd nehmen und mit der Milch aufgießen, sodass diese noch warm wird.
4. Alle Zutaten bis auf das Mehl gut miteinander vermischen. Die Masse andrücken und etwa 15 Minuten ziehen lassen.
5. Jetzt das Mehl einarbeiten.
6. Die Oberhitze des Backrohres auf Maximum stellen und ein Gitter im oberen Drittel einschieben.
7. Kleine Spinatknödel drehen und in reichlich kochendem Salzwasser 10 Minuten kochen.
8. In der Zwischenzeit etwas Butter bräunen.
9. Die Knödel auf den Tellern anrichten, mit Emmentaler bestreuen und mit gebräunter Butter überziehen. Im Backrohr gratinieren.
10. Mit Schnittlauch bestreuen und mit grünem Salat servieren.

Variationen

Spinatknödel-Suppe: Kleine Spinatknödel eignen sich auch sehr gut als Suppeneinlage.
Spinatknödel mit Schafkäse: Unter die Spinatknödelmasse Schafkäsewürfel streuen, dann jedoch nicht mehr mit Butter und Emmentaler überbacken.
Spinatknödel mit Mozzarella und Schwammerlsoße (➜ S. 103)

Stinkerknödel

4 | 1 Stunde | ●●●

Zutaten

- 1 kg mehlige Erdäpfel
- 200 g Graukäse
- 200 g Zwiebeln
- 200 g griffiges Mehl
- 4 Eidotter
- 16 g Salz
- 1 Prise Muskatnuss

Zum Anrichten

- 1 Zwiebel
- 120 g Butter
- Schnittlauch

Zubereitung

1. Erdäpfel mit der Schale kochen, schälen, heiß durch die Erdäpfelpresse drücken und zum Auskühlen auf einer Arbeitsplatte verteilen.
2. Graukäse grob reiben. Zwiebel feinwürfelig schneiden.
3. Alle Zutaten rasch zu einem Teig verarbeiten.
4. Acht kleine Knödel drehen und in reichlich kochendem Salzwasser kochen.
5. Zwiebel feinwürfelig schneiden und in Butter goldgelb rösten.
6. Knödel anrichten, mit der Zwiebelbutter übergießen und mit Schnittlauch bestreuen.

Pongauer Fleischknödel

Zutaten

- 350 g Knödelbrot
- 80 g Butter
- 1 Zwiebel
- 120 g geselchtes, gekochtes Rindfleisch
- 120 g Hamburger Speck
- 80 g Braunschweiger
- 200 ml Milch
- 6 Eier
- 6 g Salz
- 2 g Majoran
- Muskatnuss
- Petersilie
- 1 EL Mehl
- Butter

Zubereitung

1. Zwiebel, Rindfleisch, Speck und Braunschweiger in 0,5 cm große Würfel schneiden.
2. Zwiebel in Butter goldgelb rösten, Speck dazugeben und etwas mitrösten, mit Milch aufgießen und auf mittlere Temperatur (circa 50 °C) erwärmen. Topf vom Herd nehmen und die Eier hineinschlagen.
3. Alle Zutaten bis auf das Mehl gut unterheben, die Masse andrücken und mindestens 10 Minuten ziehen lassen. Danach Mehl unterheben und abschmecken.
4. Knödel drehen und in kochendem Salzwasser etwa 10 Minuten (je nach Größe) durchkochen.
5. Mit gebräunter Butter überziehen, mit Schnittlauch bestreuen und mit grünem Salat oder Erdäpfelsalat servieren.

Kleine Pongauer Fleischknödel eignen sich auch sehr gut als Suppeneinlage.

Grammelknödel

4 | 1,5 Stunden | ●●●

Zutaten

	Erdäpfelteig (→ S. 177)
1/4 kg	Grammel
1	Zwiebel
2	Knoblauchzehen
1 EL	Schweine- oder Butterschmalz
	Salz
	Pfeffer
	Paprikapulver
	Petersilie, gehackt
	Schnittlauch zum Bestreuen

Zubereitung

1. Die Erdäpfel für Erdäpfelteig laut Rezept kochen.
2. Zwiebel fein schneiden und in Schweine- oder Butterschmalz anschwitzen. Knoblauch ebenfalls klein schneiden und mit der Zwiebel etwas mitschwitzen.
3. Sämtliche Zutaten dazugeben, gut vermischen und abschmecken.
4. Kleine Knödel drehen und etwa 30 Minuten tiefkühlen.
5. In der Zwischenzeit Erdäpfelteig laut Rezept bereiten.
6. Grammelknödel in Erdäpfelteig eindrehen.
7. In kochendem Salzwasser eine Viertelstunde leicht kochen lassen.
8. Mit Sauerkraut und Schnittlauch servieren.

Waldviertler Grammel-Speckknödel

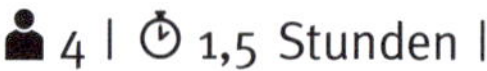

Zutaten

	Erdäpfelteig (→ S. 177)
80 g	Grammeln
80 g	Bauchspeck
20 g	Butterschmalz
1	Zwiebel
1	Knoblauchzehe
2	Eier
	Salz
	Pfeffer
	Petersilie

Zubereitung

1. Die Erdäpfel für Erdäpfelteig laut Rezept kochen.
2. Zwiebel fein schneiden und in Butterschmalz anschwitzen, fein geschnittenen Knoblauch dazugeben und etwas mitschwitzen.
3. Den Speck kleinwürfelig schneiden und mit den Grammeln zur Zwiebel geben und etwas anrösten.
4. Nun die Eier einschlagen, etwas anziehen lassen und vorsichtig verrühren, sodass ein Mosaik aus Eigelb und Eiklar entstehen kann.
5. Gehackte Petersilie hinzufügen und mit Salz und Pfeffer abschmecken.
6. Den Erdäpfelteig laut Rezept fertigstellen.
7. Grammel-Eifüllung in den Erdäpfelteig eindrehen und in kochendem Salzwasser etwa eine Viertelstunde leicht kochen lassen.

Hascheeknödel

4 | 1,5 Stunden | 1 Stunde | ●●●

Zutaten

	Erdäpfelteig (➜ S. 177) oder Brandteig für Knödel (➜ S. 181)
15 g	Butter
15 g	glattes Mehl
70 ml	Wasser
3 g	Suppengewürz
300g	Haschee, fein faschiert
1	Ei
2 g	Petersilie
1 g	Majoran
1 Prise	Pfeffer
1 Prise	Muskatnuss
1 Prise	Koriandersamen, gemahlen
1 Prise	Zimt, gemahlen
1 Msp.	Gewürznelken gemahlen
60 g	Butter
	Weinkraut (➜ S. 133) oder Sauerkraut (➜ S. 133)

Zubereitung

1. In einem Topf Butter schmelzen, das Mehl dazugeben und glatt verrühren.
2. Mit Wasser aufgießen und unter ständigem Rühren aufkochen.
3. Das Haschee und die Gewürze einrühren und abschmecken.
4. Aus der Masse acht kleine Knödel formen und etwa 1 Stunde tiefkühlen.
5. Die Knödel in Erdäpfel- oder Brandteig eindrehen.
6. In Salzwasser etwa eine Viertelstunde leicht sieden lassen.
7. Zum Anrichten die gekochten Knödel mit zerlassener Butter überziehen und mit Weinkraut oder Sauerkraut servieren.

Hascheeknödel sind ein wunderbares Gericht. Das Wort „Haschee“ kommt vom Französischen „hachée“ und bedeutet „gehackt“. Hierfür werden allerlei Anschnitte von Braten, Geselchtem oder Wurst fein faschiert. Diesem Gericht verleiht die Prise Zimt und ganz wenig Nelke eine betörende Note.

Blunzenknödel

4 | 1,5 Stunden 1 Stunde | ●●●

Zutaten

	Erdäpfelteig (➜ S. 177)
3	Toastscheiben
200 g	Blutwurst
40 g	Butter
1	Ei, getrennt
	Salz
	Pfeffer
	Majoran
10 g	griffiges Mehl
	Eingemachtes Sauerkraut (➜ S. 134)
	Schnittlauch zum Bestreuen

Zubereitung

1. Die Erdäpfel für Erdäpfelteig kochen.
2. Toastbrot entrinden und mit einem Messer in kleinstmögliche Würfel schneiden, anschließend mit dem Mehl mischen.
3. Blutwurst in sehr warmem Wasser etwa 10 Minuten erwärmen. Anschließend aus dem Wasser nehmen, mit einem Messer den Darm aufschneiden und die weiche Blutwurstmasse herausdrücken.
4. Butter mit Eidotter schaumig rühren und würzen.
5. Dann die Blutwurstmasse unterrühren.
6. Das Eiklar zu Schnee schlagen und mit den Weißbrotwürfeln unter die Masse heben.
7. Kleine Knödel drehen und mindestens 1 Stunde tiefkühlen.
8. In der Zwischenzeit Erdäpfelteig laut Rezept bereiten.
9. Blunzenknödel in Erdäpfelteig eindrehen.
10. In kochendem Salzwasser eine Viertelstunde leicht kochen lassen.
11. Mit eingemachtem Sauerkraut und Schnittlauch servieren.

Pinzgauer Kasnocken

Zutaten

	Nockerl (➜ S. 178)
etwas	Butterschmalz
2	Zwiebeln
1/4 kg	Pinzgauer Bierkas
	Salz
	Pfeffer
	Schnittlauch zum Bestreuen

Zubereitung

1. Nockerl laut Rezept bereiten.
2. Die Zwiebeln fein schneiden und in Butterschmalz anschwitzen.
3. Die Nockerl dazugeben, salzen, pfeffern und leicht hellbraun rösten.
4. Den kleingeschnittenen Käse dazugeben, schmelzen und etwas anbrutzeln lassen.
5. Mit viel Schnittlauch bestreuen und servieren.

Krautspatzen

Zutaten

	Nockerl (➜ S. 178)
2 EL	Butterschmalz oder Öl
1	Zwiebel
1/4 kg	Hamburger Speck
1/4 kg	Sauerkraut (➜ S. 133)
	Schnittlauch zum Bestreuen

Zubereitung

1. Nockerl laut Rezept zubereiten.
2. Zwiebel fein schneiden, den Speck ohne Knorpel in Streifen oder Würfel schneiden.
3. Zwiebel in Butterschmalz gut anschwitzen, den Speck hineingeben und mitrösten.
4. Die Nockerl dazugeben, leicht salzen und pfeffern und ebenfalls leicht anrösten.
5. Nun das Sauerkraut mit Saft unterrühren und bis zum Rösten einkochen lassen.
6. Anrichten und mit Schnittlauch bestreuen.

Erdäpfelschottnockerl

4 | 1,5 Stunden | ●●●

mit Basilikumsoße

Zutaten

Erdäpfelnockerl (Gnocchi)

500 g	mehlige Erdäpfel
230 g	griffiges Mehl
150 g	Schotten oder Topfen
3	Eidotter
1	Ei
1 TL	Salz
1 Prise	Muskatnuss

Basilikumsoße

1/2 l	Schlagobers
1/4 l	Sauerrahm
4 TL	Basilikum, getrocknet
	Salz
	Muskatnuss

4 TL	Schottengirgei, gerieben, oder geräucherter Schnittkäse
	Schnittlauch

Zubereitung

1. Erdäpfel weichkochen, schälen und noch warm durch eine Erdäpfelpresse drücken.
2. Mit Mehl, Schotten, Salz, Muskatnuss, Eidottern und Ei vermengen. Rasch zu einem geschmeidigen Teig verarbeiten.
3. Den Teig 10 Minuten rasten lassen, anschließend zu einer dünnen Rolle auswalken und mit einer Teigkarte oder einem Messer etwa 2 cm lange Stücke (Gnocchi) abschneiden.
4. Gnocchi in reichlich kochendem Salzwasser einmal aufkochen lassen, beiseitestellen und 2–3 Minuten im Salzwasser nachziehen lassen. Mit einem Schaumlöffel herausheben, mit kaltem Wasser abschrecken (so wird die Stärke weggespült und die Gnocchi kleben nicht aneinander).
5. Für die Basilikumsoße alle Zutaten zusammenrühren.
6. Die Gnocchi in einer Pfanne mit etwas Öl braun rösten.
7. Das überschüssige Öl abgießen und die Gnocchi mit der Basilikumsoße aufgießen.
8. Die Soße cremig einkochen lassen.
9. Anrichten und mit geriebenem Schottengirgei und viel Schnittlauch bestreuen.

Schotten ist eine Art Topfen, welcher aus Buttermilch gewonnen wird.

Die Erdäpfel-Schottnocken waren eines der beliebtesten Gerichte im Gasthof Krimpelstätter und im Weiserhof. Der Geruch des geräucherten Käses kitzelt die Geschmacksnerven.
„Schottengirgei" ist ein kaltgeräucherter Käse, welcher aus Schotten hergestellt wird. Im Pinzgau bekommt man Schottengirgei auf nahezu allen Bauernmärkten. Als Alternative eignet sich jeder geräucherte Schnittkäse.

Eisacktaler Kasnocken

Zutaten

5	Semmeln oder 250 g Baguette
350 g	mehlige Erdäpfel
100 g	Parmesan
50 g	Butter
4	Eier
10 g	Salz
1 Prise	Pfeffer
1 Prise	Muskatnuss
60 g	griffiges Mehl
	gebräunte Butter
	Schnittlauch

Zubereitung

1. Erdäpfel kochen, schälen und noch heiß durch die Erdäpfelpresse drücken, dann zum Ausdämpfen auf einer Arbeitsplatte verteilen.
2. Semmeln in grobe Würfel schneiden, Parmesan grob reiben und die Butter in einer Pfanne nussbraun erhitzen.
3. Alle Zutaten bis auf das Mehl zu einer Masse verarbeiten und etwas anziehen lassen.
4. Danach das Mehl einarbeiten.
5. Mit einem Suppenlöffel große Nocken (etwa 40 g) ähnlich Grießnocken formen und in leicht kochendem Salzwasser etwa 10 Minuten kochen.
6. Die Nocken anrichten und mit gebräunter Butter und Schnittlauch bestreuen.

Dieses Rezept für etwas andere Kasnocken stammt aus der Südtiroler Rezepte-Sammlung von Helli und Sepp Forcher.

Spinat-Topfennockerl

4 | 1 Stunde | ●●●

Zutaten

1/2 kg	Topfen
100 g	Grieß
2 EL	Butter
40 g	Parmesan
2	Eier
2	Eidotter
	Salz
	Pfeffer
	Blattspinat
	Minze

Zubereitung

1. Topfen durch die Erdäpfelpresse drücken.
2. Den Blattspinat blanchieren und ausdrücken. Minze klein hacken.
3. Butter bräunen.
4. Alle Zutaten zusammenrühren.
5. Die Masse eine halbe Stunde ziehen lassen.
6. Mit einem Suppenlöffel Nockerl ausstechen, formen und in kochendem Salzwasser garziehen lassen.

Diese Nockerl schmecken besonders gut in leichter Tomatensoße (→ S. 144) mit frischen Tomatenstückchen.

Filzmooser Fleischkrapfen

4 | 2 Stunden 45 Minuten | ●●●

Zutaten

Germteig
für Krapfen
(➜ S. 179)

40 g Butterschmalz
1 Zwiebel
70 g Hamburger Speck
70 g geselchtes, gekochtes Rindfleisch
100 g Schweinsbraten-abschnitte
Salz
Pfeffer
Majoran
Petersilie

Eingemachtes
Sauerkraut
(➜ S. 134)

Zubereitung

1. Germteig bereiten und 45 Minuten zugedeckt an einem warmen Ort gehen lassen.
2. In der Zwischenzeit Zwiebel, Speck, Rind- und Schweinefleisch in 5 mm große Würfel schneiden.
3. Zwiebel in Butterschmalz goldgelb rösten, Speck dazugeben, kurz mitrösten und schließlich das übrige Fleisch unterrühren.
4. Mit Salz, Pfeffer, Petersilie und etwas Majoran abschmecken. Auskühlen lassen.
5. Den Germteig in 12 Teile teilen, zu Kugeln schleifen und zugedeckt noch einmal 15 Minuten aufgehen lassen.
6. Die aufgegangenen Teigkugeln mit beiden Händen etwas auseinanderziehen, sodass in der Mitte der Teigkugel eine Grube entsteht. Diese Grube mit der Fleischmasse füllen und gut verschließen. So sollen ovale Krapfen entstehen.
7. Die gefüllten Krapfen noch einmal zugedeckt 10 Minuten gehen lassen und anschließend in heißem Backfett goldgelb backen.
8. Mit eingemachtem Sauerkraut servieren.

Unter Teig „schleifen“ versteht man, eine Teigportion mit den Händen auf einer Arbeitsplatte mit gerade so wenig Mehl wie möglich zu einer glatten Teigkugel zu formen. Der Teig sollte dabei leicht auf der Arbeitsplatte haften, sich jedoch von den Händen seidig-glatt lösen.

Geselchtes Rindfleisch war früher typisch in den Alpenregionen. Leider bekommt man dieses heute sehr schwer. Stattdessen kann man auch geselchten Schweinsschopf verwenden.

Lungauer Hasenöhrl

4 | 45 Minuten | ●●●

Zutaten

250 g	Roggenmehl
125 ml	Buttermilch
15 g	Sauerrahm
1	Eidotter
5 g	Salz
	Backfett

Zubereitung

1. Alle Zutaten zu einem Teig kneten und etwa 30 Minuten rasten lassen.
2. Den Teig 2 mm dick ausrollen und große Rechtecke ausschneiden.
3. Die Hasenöhrl in heißes Backfett einlegen, kurz anbacken lassen und schließlich mit heißem Fett übergießen, sodass sie Blasen werfen und aufgehen. Dann wenden und fertigbacken.
4. Auf Küchenpapier abtropfen lassen.

Lungauer Hasenöhrl

Variante mit Erdapfel und Weizenmehl

Zutaten

100 g	Roggenmehl
100 g	glattes Weizenmehl
80 ml	Milch
20 g	Butter
1	Erdapfel
1	Eidotter
8 g	Salz
	Backfett

Zubereitung

1. Erdapfel mit der Schale kochen, anschließend schälen und durch die Erdäpfelpresse drücken.
2. Milch mit der Butter aufkochen.
3. Alle Zutaten mit der kochenden Milch rasch zu einem Teig verarbeiten und 1 Stunde rasten lassen.
4. Den Teig 2 mm dick ausrollen und große Rechtecke ausschneiden.
5. Die Hasenöhrl in heißes Backfett einlegen, kurz anbacken lassen und schließlich mit heißem Fett übergießen, sodass sie Blasen werfen und aufgehen. Dann wenden und fertigbacken.
6. Auf Küchenpapier abtropfen lassen.

Die Hasenöhrl sind wohl das berühmteste Gericht aus dem Lungau und dürfen bei keinem Bauernmarkt fehlen. Traditionell werden die Hasenöhrl mit Sauerkraut (→ S. 133) belegt, zusammengeschlagen und mit den Fingern gegessen.

Hoargneist Nidei

2 | 30 Minuten | ●●●

Zutaten

1/4 kg	Sauerkraut
20 g	Butter
1/2	Zwiebel
2	Eier
1 Prise	Salz
1 Prise	Thymian
1 Prise	Basilikum
1 Prise	Majoran
1 Msp.	Ingwer
	Petersilie
1 TL	Kren
50 g	Mehl

Erdäpfel-Radi-Kas
(→ S. 202)
Schnittlauch

Zubereitung

1. Das Sauerkraut gut ausdrücken (am besten mit einer Erdäpfelpresse), danach etwas klein schneiden.
2. Die Zwiebel kleinwürfelig schneiden und in Butter goldgelb rösten.
3. Alle Zutaten in einer Schüssel gut vermischen und abschmecken.
4. Laibchen formen und in einer Pfanne mit Butterschmalz beidseitig langsam goldbraun braten.
5. Mit Sauerrahm oder Erdäpfel-Radi-Kas und Schnittlauch servieren.

Wie kam es zum Namen dieses Pinzgauer Gerichts? Sauerkraut war wohl das wichtigste Gemüse im Winter. Für die Konservierung wurde Weißkraut mit einem scharfen Krauthobel so fein wie möglich zum sogenannten Zettelkraut gehobelt. Wenn man dann in das geschnittene Kraut griff, sollte es sich wie feines Haar anfühlen, auf pinzgauerisch „Hoar". Beim Einsäuern für Sauerkraut wird das Kraut weich und man kann daraus ein Nest, ein „Gneist" formen. Sauerkraut mit Kräutern vermischt, mit Ei und etwas Mehl gebunden, zu Laibchen geformt und gebraten sieht – mit etwas Fantasie – einem Haarnest, einem „Hoargneist" ähnlich.

Bärlauchtascherl

4 | 30 Minuten | ●●●

Zutaten

	Erdäpfelteig (➜ S. 177)
60	Bärlauchblätter
180 g	Topfen
1	Eiklar
15 g	griffiges Mehl
5 g	Salz
1 g	Koriandersamen, gemahlen
Ei	zum Bestreichen
	gebräunte Butter und Schnittlauch

Zubereitung

1. Die Erdäpfel für den Erdäpfelteig kochen.
2. In der Zwischenzeit die Bärlauchblätter in kochendem Wasser kurz überkochen und anschließend in kaltem Wasser abschrecken.
3. Gut ausdrücken und sehr fein hacken.
4. Alle Zutaten gut vermischen und abschmecken.
5. Erdäpfelteig bereiten und mit einem Nudelholz circa 3 mm dick ausrollen, 12 je 10 cm große Kreise ausstechen, mit der Bärlauchmasse füllen, Teigränder mit Ei bestreichen, zusammenklappen und die Ränder mit den Fingern zusammendrücken.
6. In siedendem Salzwasser etwa 8 Minuten garen.
7. Die Tascherl anrichten, mit der gebräunten Butter übergießen und mit Schnittlauch bestreuen.

Die Bärlauchtascherl können auch in pikanten Butterbröseln (➜ S. 141) gewälzt und auf einem gemischten Blattsalat angerichtet werden.

Schlutzkrapfen

4 | 1,5 Stunden | ●●●

Zutaten

	Nudelteig aus 300 g Mehl (➜ S. 178)
1/4 kg	Blattspinat
1	Knoblauchzehe
1 EL	Butter
200 g	Topfen
200 g	Parmesan
1	Eidotter
	Salz
	Pfeffer
	Muskatnuss
	Ei zum Bestreichen
3 EL	Butter
	geriebener Parmesan
	Schnittlauch

Zubereitung

1. Nudelteig laut Rezept bereiten.
2. Von frischem Blattspinat die Stiele entfernen, ihn in kochendem Wasser kurz blanchieren. Anschließend sofort in kaltem Wasser abschrecken, gut ausdrücken (eine Erdäpfelpresse eignet sich hierfür besonders gut) und grob schneiden.
3. Knoblauch fein schneiden und mit der Butter kurz anschwitzen.
4. Blattspinat, Knoblauchbutter, Topfen, Parmesan und Gewürze zu einer Masse verarbeiten und abschmecken.
5. Nudelteig dünn ausrollen, große Kreise oder Quadrate ausstechen, Teigränder mit verschlagenem Ei bestreichen, die Spinatfülle jeweils in die Mitte setzen, den Teig zusammenschlagen und die Ränder zusammendrücken.
6. Die Schlutzkrapfen in leicht kochendem Salzwasser 5–10 Minuten ziehen lassen.
7. Butter in einer Pfanne aufschäumen und leicht bräunen lassen.
8. Die Schlutzkrapfen auf heißen Tellern anrichten, mit der gebräunten Butter begießen, mit geriebenem Parmesan bestreuen und mit viel Schnittlauch servieren.

Einfacher geht's mit tiefgekühlten Blattspinat! Diesen auftauen, ausdrücken und schneiden.

Brennnessel-Krapferl

4 | 75 Minuten | ●●●

Zutaten

	Blattlkrapfenteig (➜ S. 179)
100 g	Brennnesseln
150 g	Topfen
1	Ei
2 EL	Butter
2	Knoblauchzehen
	Salz
	Pfeffer
	1 Ei
	Backfett

Zubereitung

1. Die Brennnesselblätter vom Stiel zupfen, waschen, kurz in kochendem Wasser blanchieren und danach in eiskaltem Wasser abschrecken.
2. Die blanchierten Brennnesselblätter ausdrücken (hierfür eignet sich eine Erdäpfelpresse sehr gut), und fein hacken.
3. Knoblauch schälen, klein hacken und in einer Pfanne mit Butter hell anlaufen lassen.
4. Die Brennnesselblätter mit Topfen, Ei und Knoblauchbutter vermengen, mit Salz und Pfeffer würzen und abschmecken.
5. Blattlkrapfenteig dünn ausrollen, Kreise oder Rechtecke ausschneiden. Mit der Brennnesselmasse füllen, Teigränder mit verschlagenem Ei bestreichen, zusammenklappen und die Ränder andrücken.
6. In heißem Backfett schwimmend backen.

Dazu passen Sauerrahm und Blattsalat.
Die Brennnessel-Krapferl können auch anstelle des Blattlkrapfenteigs mit Nudelteig (➜ S. 178) hergestellt und anschließend gekocht werden.

Pinzgauer Blattlkrapfen

4 | 2 Stunden | ●●●

Zutaten

	Blattlkrapfenteig (➜ S. 179)
600 g	Erdäpfel
1	große Zwiebel
	Butterschmalz
120 g	Hamburger Speck
120 g	Schweinsbraten-abschnitte
80 g	Abschnitte von gekochtem Rindfleisch
	Salz
	Pfeffer
	Majoran
1	Ei
	Sauerkraut (➜ S. 133)

Zubereitung

1. Die Erdäpfel mit der Schale kochen.
2. In der Zwischenzeit den Blattlkrapfenteig laut Rezept bereiten.
3. Zwiebel klein schneiden und in Butterschmalz anschwitzen.
4. Erdäpfel schälen, blättrig schneiden und mit der Zwiebel rösten.
5. Abschnitte von Schweinsbraten und gekochtem Rindfleisch würfelig schneiden, zum Erdäpfelgröstl geben und würzen.
6. Den Blattlkrapfenteig dünn ausrollen, große Kreise oder Quadrate ausstechen, mit Gröstl füllen, die Teigränder mit verschlagenem Ei bestreichen, Teig zusammenschlagen und die Ränder andrücken.
7. In heißem Backfett knusprig braun backen und mit Sauerkraut servieren.

Tennengauer Festtagskrapfen

4 | 1 Stunde | ●●●

Zutaten

Teig

250 g	Mehl
5 g	Salz
1	Ei
60 ml	Milch
1 EL	Butter

Fülle

2 EL	Butter
1	Zwiebel
100 g	Hamburger Speck
250 g	Schinken
100 g	Wurzelgemüse (Karotten, Sellerie, Lauch)
200 g	Emmentaler, gerieben
	Petersilie
1	Ei
	Backfett

Zubereitung

Teig

1. Mehl, Eier und Salz in eine Schüssel geben.
2. Die Milch mit Butter aufkochen, dazugeben und zu einem geschmeidigen Teig verarbeiten.

Fülle

3. Schinken, Speck, Zwiebel und Gemüse in kleine Würfel schneiden.
4. Zwiebel in Butterschmalz gut anschwitzen.
5. Gemüse, Speck und Schinken dazugeben und etwas rösten.
6. Vom Herd nehmen, auskühlen lassen und schließlich den geriebenen Käse mit der gehackten Petersilie untermischen.

Krapfen

7. Den Teig mit einem Nudelholz dünn ausrollen, Kreise oder Quadrate ausstechen und die Teigränder mit verschlagenem Ei bestreichen.
8. Mit der Masse füllen, den Teig zusammenschlagen und die Ränder festdrücken.
9. In heißem Backfett schwimmend backen.

Dies ist ein altes Rezept der Salzburger Hausmannskost. Als Beilage passt Weinkraut (→ S. 133) hervorragend.

Karotten-Krautstrudel

4 | 1 Stunde 4 Stunden | ●●●

Zutaten

Strudelteig (→ S. 181)

Weinkraut (→ S. 133)

4 Karotten
1 EL Mehl
2 EL Butter

Zubereitung

1. Für die Fülle Weinkraut laut Rezept bereiten und auskühlen lassen.
2. Karotten schälen, reiben und mit dem Mehl unter das Weinkraut mischen.
3. Strudelteig herstellen und mindestens 4 Stunden rasten lassen.
4. Ein Tuch mit Mehl gut stauben, den Strudelteig ebenfalls gut einstauben, auf das Tuch legen und mit dem Nudelholz gleichmäßig so dünn wie möglich ausrollen. Danach mit dem Handrücken hauchdünn ausziehen.
5. Mit der Fülle belegen, einrollen, auf ein eingefettetes Backblech legen und mit geschmolzener Butter bepinseln.
6. Im Backrohr bei 180 °C 45 Minuten knusprig braun backen.

Buchteln

6 | 30 Minuten | 100 Minuten | ●●●

Zutaten

300 g	glattes Mehl
300 g	griffiges Mehl
150 ml	Milch
150 ml	Schlagobers
30 g	Germ oder 10 g Trockengerm
90 g	Staubzucker
9 g	Salz
50 g	Sauerrahm
2	Eier
250 g	Marillenmarmelade oder Powidl
150 g	Butter zum Tauchen
	Vanillesoße (➜ S. 191)
	Staubzucker

Zubereitung

1. Etwa die Hälfte der Milch für das Dampferl leicht erwärmen. Den Germ in der lauwarmen Milch auflösen und mit etwas glattem Mehl zu einem glatten Teig verrühren. Das Dampferl mit Mehl bestreuen und zugedeckt an einem warmen Ort etwa 15 Minuten gehen lassen.
2. Schlagobers und den Rest der Milch lauwarm erwärmen.
3. Alle Zutaten und das Dampferl zu einem geschmeidigen Teig schlagen, bis dieser Blasen wirft.
4. Zugedeckt an einem warmen Ort 30 Minuten gehen lassen.
5. Den Teig noch einmal kurz durchkneten, danach mit einem Rollholz etwa 1 cm dick ausrollen.
6. Mit einem Messer oder einem Pizzarad 10 x 10 cm große Quadrate ausschneiden.
7. Auf jedes Teigstück 1 TL Marmelade setzen, die Ecken kreuzweise hochziehen und die Teigränder verkleben.
8. Die Buchteln in flüssige Butter tauchen und mit dem Verschluss nach unten in eine Rein setzen. Zugedeckt an einem warmen Ort noch einmal 15 Minuten gehen lassen.
9. Im Backrohr bei 180 °C 40 Minuten backen.
10. Danach mit der verbliebenen Butter bestreichen.
11. Buchteln mit Staubzucker bestreuen und mit Vanillesoße servieren.

Marillenknödel

4 | 45 Minuten 15 Minuten | ●●●

Zutaten

250 g	Topfen
70 g	Butter
1	Ei
3 g	Salz
70 g	Weizengrieß
70 g	griffiges Mehl Type 480
8	Marillen
8 Stk.	Würfelzucker
	Süße Butterbrösel (➔ S. 141)
100 g	Butter
	Staubzucker

Zubereitung

1. Butter schmelzen.
2. Topfen mit Ei, flüssiger Butter und Salz verrühren.
3. Mehl mit Grieß mischen und unter die Topfenmasse rühren.
4. Den Teig etwa 10 Minuten rasten lassen.
5. In der Zwischenzeit die Marillen mit einem Messer einschneiden und die Kerne entfernen. Anstelle der Kerne je ein Stück Würfelzucker einlegen und die Marillen wieder verschließen.
6. Die Marillen mit Topfenteig etwa 1 cm dick umhüllen und in siedendem Wasser 15 Minuten kochen.
7. Die gekochten Knödel in süßen Butterbröseln wälzen, anrichten, mit zerlassener Butter überziehen, und mit Staubzucker bestreuen.

Verwenden Sie säuerlich schmeckende Marillen. Wenn die Marillen schon etwas reifer sind, lassen sich die Kerne mithilfe eines Kochlöffelstiels hinausdrücken.

Zwetschkenknödel

Zutaten

	Süßer Erdäpfelteig (➔ S. 177)
8	Zwetschken
	Süße Butterbrösel (➔ S. 141)
100 g	Butter
	Staubzucker

Zubereitung

1. Süßen Erdäpfelteig laut Rezept bereiten.
2. Zwetschken mit Erdäpfelteig umhüllen und in leicht kochendem Wasser etwa 15 Minuten kochen.
3. Die gekochten Knödel in süßen Butterbröseln wälzen, anrichten, mit zerlassener Butter überziehen und mit Staubzucker bestreuen.

Kletzentascherl

👤 4 | ⏱ 40 Minuten | ●●●

im Nussmantel

Zutaten

Für den Teig

100 g	Roggenmehl
100 g	Dinkelmehl
1	Eiklar
120 ml	Milch
15 g	Butter
1 Prise	Salz

Für den Nussmantel

20 g	Semmelbrösel
60 g	Haselnüsse, gerieben
20 g	Staubzucker
1 Prise	Zimt, gemahlen
	Abrieb von 1/2 Zitronenschale

Für die Kletzenfülle

100 g	getrocknete Kletzen
1	Eidotter
2 cl	Inländer-Rum 38 %
1 Prise	Zimt, gemahlen
1 Prise	Gewürznelken, gemahlen
1 Prise	Salz

Butter
Staubzucker

Zubereitung

1. Für den Teig die Milch mit der Butter aufkochen und mit den übrigen Zutaten zu einem Teig verarbeiten.
2. Für den Nussmantel zuerst die Semmelbrösel trocken in einer Pfanne hellbraun rösten, danach die Haselnüsse zugeben und ebenfalls rösten, vom Herd nehmen und mit gesiebtem Staubzucker, Zimt und dem Abrieb der Zitrone aromatisieren.
3. Für die Fülle die Kletzen in Wasser etwa 25 Minuten weichkochen. Anschließend die gekochten Kletzen halbieren, das Kerngehäuse sowie Stängel entfernen. Das Kletzenfleisch kleinwürfelig schneiden und mit den restlichen Zutaten vermischen.
4. Den Teig dünn ausrollen und 8 Kreise im Durchmesser von etwa 8 cm ausstechen.
5. Kletzenfülle in der Mitte auftragen, die Ränder mit Wasser bepinseln, den Teig einschlagen und die Ränder fest miteinander verkleben.
6. Die Tascherl in leicht gesalzenem Wasser ein paar Minuten kochen.
7. Butter in einer Pfanne aufschäumen, die gekochten Teigtaschen darin einmal durchschwenken.
8. Anrichten und mit den Nussbröseln bestreuen.
9. Mit zerlassener Butter übergießen und mit Staubzucker bestreuen.

Kärntner Reindling

8 | 30 Minuten 2 Stunden | ●●●

mit Zwetschken

Zutaten

400 g	glattes Mehl
70 g	Kristallzucker
8 g	Vanillezucker
10 g	Salz
20 g	Germ oder
	7 g Trockengerm
120 g	Butter
250 ml	Milch
1	Ei

Fülle

80 g	zerlassene Butter
200 g	Powidl
200 g	Dörrzwetschken
5 g	Zimt, gemahlen

Mit der zerlassenen Butter wird der Teig bepinselt, die Form ausgestrichen und der fertig gebackene Reindling bestrichen.

Zubereitung

1. Etwa die Hälfte der Milch für das „Dampferl" leicht erwärmen. Den Germ in der lauwarmen Milch auflösen und mit etwas Mehl zu einem glatten Teig verrühren. Das Dampferl mit Mehl bestreuen und zugedeckt an einem warmen Ort etwa 15 Minuten gehen lassen. Butter und die restliche Milch lauwarm erwärmen.
2. Alle Zutaten und das Dampferl zu einem geschmeidigen Teig schlagen, bis dieser Blasen wirft.
3. Zugedeckt an einem warmen Ort 30 Minuten gehen lassen.
4. Den Teig noch einmal zusammenschlagen und dann rechteckig in der Größe von etwa 40 x 25 cm ausrollen.
5. Den Teig mit zerlassener Butter bepinseln. Den Powidl gleichmäßig auf den Teig streichen, mit Dörrzwetschken und Zimt bestreuen.
6. Eine Backform mit Butter ausstreichen. Den Teig der Länge nach einrollen. Mit dem Teigabschluss nach unten in eine Backform setzen und erneut mit Butter bepinseln. An einem warmen Ort zugedeckt noch einmal etwa 30 Minuten gehen lassen.
7. Im Backrohr bei 175 °C etwa 50 Minuten backen und nach dem Herausnehmen mit der restlichen Butter bestreichen.

Der Kärntner Reindling ist auch in Osttirol, der Steiermark, im südlichen Burgenland und Slowenien eine beliebte Mehlspeise. Traditionell wird er mit Zucker, Zimt, Rosinen und Nüssen gefüllt, kann aber auch wie in diesem Rezept mit Zwetschken zubereitet werden. Der Reindling wurde speziell zu Ostern in größerer Menge in einer Bratenrein gebacken, daher der Name „Reindling". Für kleine Mengen wie in diesem Rezept ist eine Gugelhupf-, Spring- oder Kastenform ideal.

Blaukraut

4 | 1 Stunde 6 Stunden | ●●●

Zutaten

500 g	Blaukraut, fein geschnitten
10 g	Salz
1 Prise	Pfeffer
1 Prise	Zimt, gemahlen
1 Prise	Kümmel, gemahlen
2	Gewürznelken
1	Apfel
3 EL	Preiselbeermarmelade
1/8 l	Rotwein
	Saft einer halben Zitrone
1 EL	Butterschmalz oder
20 ml	Öl
1	kleine Zwiebel
25 g	Kristallzucker
kl. Spr.	Hesperiden-Essig
50 ml	Wasser
3 g	Stärkemehl

Zubereitung

1. Das in feine Streifen geschnittene Blaukraut mit Salz, Pfeffer, Zimt, Kümmel und Nelken würzen, gut verkneten und anschließend etwa 20 Minuten rasten lassen.
2. Den Apfel schälen, fein reiben und mit der Preiselbeermarmelade, Rotwein und Zitronensaft unter das Kraut mischen.
3. An einem kühlen Ort mindestens 6 Stunden ziehen lassen.
4. Zwiebel in Butterschmalz hell anschwitzen, den Zucker dazugeben und so lange rösten, bis er hellbraun karamellisiert.
5. Mit einem kleinen Spritzer Essig und Wasser ablöschen, das marinierte Blaukraut samt Saft dazugeben und zugedeckt leicht köchelnd weich dünsten (gegebenenfalls etwas Wasser zugießen, die Flüssigkeit sollte aber fast zur Gänze verkocht sein).
6. Stärkemehl mit etwas kaltem Wasser anrühren und das Blaukraut damit binden.
7. Abschmecken und eventuell etwas nachzuckern.

Weinkraut

4 | 1 Stunde 1 Stunde | ●●●

Zutaten

500 g	Weißkraut
10 g	Salz
1 Prise	Kümmel, gemahlen
1	kleine Zwiebel
1 EL	Butterschmalz
30 g	Zucker
20 ml	Hesperiden-Essig
1/8 l	Weißwein
1/8 l	Apfelsaft
3 g	Stärkemehl

Zubereitung

1. Weißkraut in nicht zu feine Streifen schneiden (etwa doppelt so breit wie für Krautsalat), mit Salz und Kümmel gut verkneten und mindestens 1 Stunde ziehen lassen.
2. Zwiebel fein schneiden, in Butterschmalz hell anschwitzen, Zucker dazugeben und schmelzen (nicht braun rösten!), danach mit Essig, Weißwein und Apfelsaft ablöschen.
3. Das Kraut dazugeben und zugedeckt dünsten, bis die Flüssigkeit fast zur Gänze verkocht ist.
4. Stärkemehl mit etwas kaltem Wasser anrühren, das Kraut damit binden und abschmecken.

Sauerkraut

Zutaten

1/2 kg	rohes Sauerkraut
100 g	Speck
1/8 l	Wasser
1	Lorbeerblatt
2	Wacholderbeeren
10	Pfefferkörner
1/2 TL	Zucker
etwas	Suppengewürz
40 g	Butterschmalz oder Butter
1 TL	Stärkemehl

Zubereitung

1. Den Speck in feine Würfel schneiden.
2. Das Sauerkraut in einem Topf mit Wasser, Speck, den Gewürzen und Butterschmalz zustellen und zugedeckt etwa eine halbe Stunde weich dünsten (gegebenenfalls etwas Wasser zugießen).
3. Mehl mit etwas kaltem Wasser glatt anrühren und das Sauerkraut damit binden.

Falls das Kraut zu sauer ist, einfach vor dem Verarbeiten unter fließendem Wasser abspülen.

Eingemachtes Sauerkraut

5 | 40 Minuten |

Zutaten

30 g	Butterschmalz
1	Karotte
etwas	Sellerie
1	Knoblauchzehe
1/3 l	Wasser
1/2 kg	rohes Sauerkraut
etwas	Suppengewürz
3 EL	Sauerrahm
1/2 TL	Mehl
etwas	frischer Kren

Zubereitung

1. Karotten und Sellerie schälen, in kleine Würfel schneiden und in Butterschmalz anschwitzen. Knoblauch schälen, ebenfalls klein schneiden und etwas mitschwitzen.
2. Topf vom Herd nehmen, mit kaltem Wasser aufgießen, würzen, das Sauerkraut dazugeben und (am besten mit den Händen) mit dem Gemüse gut durchmischen.
3. Das Sauerkraut aufkochen und etwa eine Viertelstunde dünsten lassen.
4. Sauerrahm mit Mehl und etwas kaltem Wasser glattrühren und das Sauerkraut damit binden.
5. Kurz vor dem Servieren frisch gerissenen Kren einrühren.

Falls das Kraut zu sauer ist, einfach vor dem Verarbeiten unter fließendem Wasser abspülen.

Blattspinat

Zutaten

200 g	frischer Blattspinat
2 EL	Wasser
	Salz
	Pfeffer
etwas	Suppengewürz
1 EL	Butter

Zubereitung

1. Von frischem Blattspinat die Stiele entfernen, ihn in kochendem Wasser kurz blanchieren und anschließend sofort in eiskaltem Wasser abschrecken, gut ausdrücken.
2. Den Blattspinat in einer Pfanne mit Wasser, Salz, Pfeffer, Suppengewürz und Butter aufkochen.
3. Abschmecken und anrichten.

Frischer Blattspinat schmeckt natürlich am besten, tiefgekühlter ist eine gute Alternative. Blattspinat ist ein Universalgemüse und passt zu jedem Fisch genauso gut wie zu jedem Fleisch und kann vielfältig variiert werden.

Erdäpfel-Blattspinat

4 | 40 Minuten |

Zutaten

300 g	frischer Blattspinat
4	Erdäpfel
1	Knoblauchzehe
1 EL	Butter
1 EL	Olivenöl
4 EL	Wasser
etwas	Suppengewürz
	Salz
	Pfeffer

Passt sehr gut zu gekochtem Rindfleisch.

Zubereitung

1. Von frischem Blattspinat die Stiele entfernen, ihn in kochendem Wasser kurz blanchieren und anschließend sofort in eiskaltem Wasser abschrecken, gut ausdrücken.
2. Erdäpfel mit der Schale kochen und schälen. Die Hälfte der Erdäpfel durch die Erdäpfelpresse drücken, die andere Hälfte würfelig oder blätterig schneiden.
3. Butter in einer Pfanne leicht bräunen, vom Herd nehmen und das Olivenöl zugeben.
4. Knoblauch fein schneiden und in der Olivenöl-Butter kurz anschwitzen. Dann mit Wasser ablöschen.
5. Den Blattspinat, die Gewürze, die gepressten sowie die gewürfelten Erdäpfel zugeben und aufkochen.
6. Abschmecken und anrichten.

Eingemachter Kohlrabi

Zutaten

1/2 kg	Kohlrabi
2	Karotten
1 EL	Butterschmalz
1/4 l	Wasser
1 Prise	Salz
1 Prise	Suppengewürz
1 Prise	Muskatnuss
1/8 l	Schlagobers
15 g	Mehl

Zubereitung

1. Kohlrabi schälen und mundgerecht schneiden. Karotten schälen und in Scheiben schneiden.
2. Kohlrabi und Karotten in Butterschmalz anschwitzen, mit Wasser ablöschen, würzen und weichkochen.
3. Obers mit dem Mehl verrühren und das Gemüse damit binden.

Glacierte Karotten

Zutaten

2 Karotten
1 Gelbe Rübe
1 EL Butter
60 ml Wasser
evtl. 1 Rosmarinzweig
1 Prise Suppengewürz
Salz
Zucker

Zubereitung

1. Gelbe Rübe und Karotten schälen und in Scheiben oder Stifterl schneiden.
2. In Butter anschwitzen (eventuell mit einem Rosmarinzweig).
3. Mit Wasser ablöschen, würzen und weich dämpfen.

Vichy-Karotten

Zutaten

2 Karotten
2 Gelbe Rüben
Butter
Gemüsefond
Salz
Zucker

Zubereitung

1. Karotten und Gelbe Rüben schälen und feinblätterig schneiden.
2. In Butter anschwitzen und mit Gemüsefond aufgießen.
3. Mit Salz und Zucker abschmecken.

Erdäpfelcrêpe

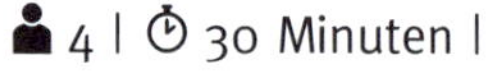

Zutaten

2 Erdäpfel
2 Eier
Salz
Pfeffer
Muskatnuss
Stärkemehl

Zubereitung

1. Mehlige Erdäpfel schälen und kochen.
2. Durch die Erdäpfelpresse drücken.
3. Mit Salz, Pfeffer und Muskatnuss würzen.
4. Die Eier unterrühren und mit Stärkemehl binden.
5. Mit einem Esslöffel portionieren, in eine Pfanne mit heißem Öl einlegen, rund formen und beidseitig goldgelb braten.

Ratatouille

6 | 45 Minuten |

Zutaten

1/2	Melanzani
1	Zucchini
1	roter Paprika
1	Tomate
1	Zwiebel
2	Knoblauchzehen
	Olivenöl
1 EL	Tomatenmark
	Rosmarin
	Thymian
	Salz
	Pfeffer
1	Lorbeerblatt

Zubereitung

1. Melanzani, Paprika und Zucchini in Würfel schneiden.
2. In lauwarmem Wasser einweichen und salzen.
3. Aus der Tomate den Strunkansatz herausschneiden, die Haut oben und unten kreuzweise einritzen. Die so vorbereitete Tomate kurz in kochendem Wasser blanchieren, danach sofort in eiskaltem Wasser abschrecken, die Haut abziehen und die Tomate in Würfel schneiden.
4. Die Zwiebel würfelig schneiden und in Olivenöl anschwitzen. Gehackten Knoblauch, Rosmarin und Thymian dazugeben und etwas mitschwitzen.
5. Das Gemüse und das Tomatenmark dazugeben, mit etwas Gemüse-Einweichwasser aufgießen und mit Salz, Pfeffer und Lorbeerblatt würzen.
6. Kernig-weich dünsten, die Tomatenwürfel dazugeben und abschmecken.

Bohnenragout

4 | 30 Minuten |

Zutaten

1 Dose	kleine weiße Bohnen
1/2	Zwiebel
1 EL	Olivenöl
1/4 l	Tomatensaft
1	Erdapfel
	frischer Thymian oder ein Rosmarinzweig
1	Lorbeerblatt

Zubereitung

1. Erdäpfel mit der Schale weichkochen und anschließend schälen.
2. Zwiebel fein schneiden und in Olivenöl anschwitzen.
3. Bohnen waschen und zusammen mit dem Thymian oder Rosmarin dazugeben.
4. Mit Tomatensaft aufgießen, aufkochen und abschmecken.
5. Den Erdapfel durch eine Erdäpfelpresse drücken und das Bohnenragout damit binden.

Passt gut zu Lamm, Schwein oder Rindfleischgerichten.

Schupfnudeln

4 | 1 Stunde |

Zutaten

300 g	mehlige Erdäpfel
90 g	griffiges Mehl
2	Eidotter
6 g	Salz
etwas	Muskatnuss

Zubereitung

1. Die Erdäpfel waschen und in Salzwasser weichkochen.
2. Erdäpfel noch heiß schälen und durch die Erdäpfelpresse drücken.
3. Auf einer kühlen Unterlage verteilen und etwas auskühlen lassen.
4. Lauwarme Erdäpfel mit den anderen Zutaten schnell zu einem Teig verarbeiten.
5. Die Arbeitsplatte mit Mehl einstauben. Kleine Teigstücke mit der flachen Hand zu einer 2 cm dicken Rolle formen, danach mit einer Teigkarte 3 cm dicke Stücke abtrennen. Die Teigstücke in die Hand nehmen und mit der anderen Handfläche zu länglichen Schupfnudeln formen.
6. Die Schupfnudeln in Salzwasser 5 Minuten überkochen, danach unter kaltem Wasser abschrecken.

Erdäpfelrösti

Zutaten

1/2 kg	Erdäpfel
1	Zwiebel
	Öl
	Salz
	Majoran
	Kümmel, gemahlen

Zubereitung

1. Erdäpfel mit der Schale kochen, schälen und auskühlen lassen.
2. Mit einem groben Reibeisen reißen.
3. Zwiebel fein schneiden und in etwas Öl anschwitzen.
4. Die Erdäpfel dazugeben, mit Salz, Majoran und eventuell etwas gemahlenem Kümmel würzen und unter gelegentlichem Schwenken braun rösten.
5. Die fertigen Rösti in Schöpflöffel oder eine Form pressen und auf Teller stürzen.

Petersilerdäpfel

Zutaten

200 g	speckige Erdäpfel
20 g	Butter
	Salz
10 g	Petersilie

Zubereitung

1. Sauber gewaschene Erdäpfel in der Schale in Salzwasser kochen.
2. Wenn Sie mit einer Gabel die Erdäpfel ohne Widerstand durchstechen können, sind sie weich.
3. Das Kochwasser wegschütten und die Erdäpfel etwas abkühlen lassen, danach mit einem kleinen Messer die Haut abziehen.
4. In die gewünschte Größe schneiden.
5. Die Butter in einer Pfanne erhitzen, Erdäpfel beifügen, mit etwas Salz würzen und mit gehackter Petersilie vollenden.

Niemals die Erdäpfel nach dem Kochen mit kaltem Wasser abschrecken. Sie würden dabei das kalte Wasser in sich einsaugen, geschmacklos und wässrig werden.

Rahm-Erdäpfel

Zutaten

4	speckige Erdäpfel
ca. 90 ml	Milch
ca. 90 ml	Schlagobers
1 EL	Butter
	Salz
	Pfeffer
1	Knoblauchzehe

Zubereitung

1. Die Erdäpfel schälen und blättrig schneiden.
2. Eine feuerfeste Form mit Butter ausstreichen, Salz, Pfeffer und fein geschnittenen Knoblauch in die Form streuen.
3. Die Erdäpfelblätter in die Form schlichten.
4. Mit halb Milch, halb Obers aufgießen.
5. Im Backrohr bei 200 °C garen, bis sie braun überbacken sind.

Erdäpfelpüree

Zutaten

2	große mehlige Erdäpfel
100 ml	Milch
1 EL	Butter
	Salz
etwas	Muskatnuss

Zubereitung

1. Die Erdäpfel mit der Schale kochen, anschließend schälen und durch die Erdäpfelpresse drücken.
2. In einem Topf die Milch mit der Butter aufkochen.
3. Die gepressten Erdäpfel und Gewürze dazugeben.
4. Mit dem Schneebesen das Püree gut verschlagen – falls es noch etwas zu dick ist, mit einem Schuss Mich verdünnen.
5. Abschmecken.

Erdäpfelpüree passt zu faschierten Laibchen ebenso wie zu sämtlichen Fleischgerichten und Fisch. Das Püree soll auf der Zunge zergehen. Es lässt sich mit geringem Aufwand abwandeln.

Variationen

Thymianpüree (für Fisch und Geflügel)
Thymian in etwas Butter aufschäumen, ein paar Minuten ziehen lassen und schließlich durch ein Sieb zum Püree gießen und verrühren.
Rosmarinpüree (für Lamm)
Rosmarin in etwas Olivenöl aufschäumen, ein paar Minuten ziehen lassen und schließlich durch ein Sieb zum Püree gießen und verrühren.
Majoranpüree (für Rindfleisch)
Etwas Majoran unter das Püree rühren.
Krenpüree (für gesottene Züngerl oder Geselchtes)
Frischen Kren unter das Püree rühren.
Kürbiskern-Erdäpfelpüree (zu Schweinefleisch)
Etwas Kürbiskernöl unter das Püree rühren und mit gerösteten Kürbiskernen bestreuen.
Bärlauchpüree (zu jedem Gericht, zu dem auch Knoblauch passt)
Bärlauchblätter klein schneiden, in etwas Butter anschwitzen und unter das Püree rühren.
Getrüffeltes Erdäpfelpüree (für feines Geflügel oder Meeresfisch)
Etwas Trüffelöl unter das Püree rühren.

Pikante Butterbrösel

Zutaten

200 g Butter
100 g Semmelbrösel
1 Prise Salz
Petersilie

Zubereitung

1. Butter in einem Topf oder einer Pfanne schmelzen.
2. Semmelbrösel dazugeben und vom Herd nehmen.
3. Leicht salzen und gehackte Petersilie dazugeben.

Butterbrösel passen zu sehr vielen Gemüsesorten wie Karfiol, Bohnen, Zucchini, Melanzani, Kohlsprossen, Brokkoli, Kohlrabi, Fenchel, Spargel und Erdäpfeln. Wenn man in die Butterbrösel ein gekochtes und gehacktes Ei rührt, bekommt man die **Sauce polonaise** (Polnische Soße), welche unter anderem sehr gut zu gekochtem Spargel passt.

Süße Butterbrösel

10–12 Knödel | 20 Minuten |

Zutaten

150 g Semmelbrösel
75 g Butter
60 g Kristallzucker

Zubereitung

1. Butter zergehen lassen.
2. In einem anderen Topf die Semmelbrösel trocken rösten, bis sie eine hellbraune Farbe bekommen.
3. Den Topf von der Herdplatte ziehen und unter ständigem Rühren 5 Minuten abkühlen lassen.
4. Erst jetzt die zerlassene Butter und den Kristallzucker dazugeben und gut verrühren.

Für den Geschmack ist es sehr wichtig, dass die Brösel angeröstet sind. Doch unterschätzen Sie nicht die Hitze des Topfbodens nach dem Röstvorgang. Wenn Sie die Butter und den Zucker zu früh hinzufügen, könnten diese anbrennen.

Polenta

4 | 30 Minuten |

Zutaten

100 g	Polenta
400 ml	Wasser
20 g	Butter
	Salz
	Pfeffer
	Muskatnuss

Zubereitung

1. Wasser mit Butter aufkochen.
2. Die Polenta einrühren, mit Salz, Pfeffer und Muskatnuss würzen und unter ständigem Rühren etwa 15 Minuten leicht köcheln lassen.
3. Die Polenta entweder gleich servieren oder in eine mit Frischhaltefolie ausgelegte Form füllen und kaltstellen.
4. Die erkaltete Polenta kann in Scheiben geschnitten und in einer Pfanne mit Öl gebraten werden.

Polentakrapferl mit Basilikum

Zutaten

200 ml	Wasser
40 ml	Schlagobers
10 g	Butter
3 g	Salz
1 Prise	Muskatnuss
50 g	Polenta
1 EL	Basilikum, gefriergetrocknet oder ein Zweig frisches Basilikum

Zubereitung

1. Wenn Sie frisches Basilikum verwenden, Wasser, Schlagobers und Butter aufkochen, vom Herd nehmen, den ganzen Zweig Basilikum einlegen und zugedeckt 5 Minuten ziehen lassen. Danach den Basilikumzweig entfernen.
2. Polenta und Gewürze einrühren und unter ständigem Rühren etwa 10 Minuten auf kleiner Flamme langsam kochen lassen.
3. Die Masse in eine Schüssel geben und mit Frischhaltefolie bedeckt abkühlen lassen.
4. Mit einem Löffel kleine Portionen aus der Masse stechen, zu Laibchen formen und in Butterschmalz oder Öl beidseitig goldgelb knusprig braten.

Polenta-Krapferl können als Sättigungsbeilage zu sehr vielen Gerichten verwendet werden, schmecken aber auch allein mit eingemachtem Gemüse (→ S. 135, 226) und mit Käse überbacken sehr gut.
Gerade bei Basilikum ist der Unterschied zwischen frisch, getrocknet oder gefriergetrocknet extrem. Bei diesem Gericht entfaltet die gefriergetrocknete Variante einen besonders aromatischen Geschmack.

Die 5-Minuten-Polenta

Wenn es einmal schnell gehen muss, können Sie die Polenta auch in der Mikrowelle zubereiten. Verrühren Sie hierfür eine Tasse Polenta, 2 Tassen Wasser, ein Stück Butter und etwas Salz in einer Schüssel, welche für die Mikrowelle geeignet ist. Verschließen Sie die Schüssel sorgfältig mit Frischhaltefolie und stellen Sie diese für 3 Minuten in den Mikrowellenherd. Danach verrühren Sie die Polenta und schmecken diese ab. Noch einmal mit Frischhaltefolie verschließen und weitere 2 Minuten im Mikrowellenherd garen.

Bärlauchnockerl

Zutaten

300 g	griffiges Mehl
ca. 20	Bärlauchblätter
150 ml	Milch
3	Eier
10 g	Salz
	Muskatnuss
etwas	Knoblauch
	Butter

Zubereitung

1. Einen größeren Topf drei Viertel voll mit Wasser füllen, salzen und aufkochen lassen.
2. Bärlauchblätter fein schneiden und im Mixbecher mit der Milch fein mixen.
3. Mehl mit Salz und geriebener Muskatnuss in einer Schüssel mischen.
4. Die Bärlauch-Milch mit den Eiern verschlagen, zum Mehl gießen und kurz zu einer glatten Masse verarbeiten.
5. Durch ein Nockerlsieb in das kochende Wasser streichen. Etwa 2 Minuten kochen lassen, abseihen und unter fließendem kalten Wasser abkühlen.
6. Fein geschnittenen Knoblauch in Butter anschwitzen, die Nockerl dazugeben, etwas salzen und etwas anrösten.

Paprikasoße

4 | 20 Minuten |

Zutaten

1	Zwiebel
2	frische rote Paprika
1 EL	Tomatenmark
ca. 30 g	Butter
ca. 1/4 l	Wasser
	Salz
etwas	Kristallzucker
etwas	Suppengewürz

Zubereitung

1. Die Zwiebel und gewaschene, zugeputzte Paprika grob schneiden.
2. Zwiebel in Butter hell, aber gut durch anschwitzen.
3. Die Paprika dazugeben und glasig schwitzen, danach das Tomatenmark zugeben.
4. Mit Wasser etwas mehr als bedeckt aufgießen und etwa 10 Minuten köcheln lassen.
5. Salz, Zucker und das Suppengewürz dazugeben.
6. Die Soße im Standmixer oder mittels Mixstab fein pürieren. Nicht passieren, denn Zwiebel und das Paprikafleisch dienen als Bindung!
7. Abschmecken.

Diese fruchtig-frische Soße wurde im Restaurant Korso zu faschierten Laibchen oder zu Fisch serviert.

Tomatensoße

Zutaten

1/4 l	Tomatensaft
1 EL	Tomatenmark
60 ml	Weißwein
	frisches Basilikum
2 EL	Kristallzucker
1 Prise	Salz
1 Prise	Suppengewürz
50 g	kalte Butter

Zubereitung

1. Tomatensaft mit Tomatenmark, Weißwein, Basilikum, Kristallzucker, Salz und Suppengewürz auf die Hälfte reduzieren.
2. Basilikum entfernen und die kalte Butter mit dem Schneebesen in die stark kochende Soße einarbeiten.

Morchelsoße

2 | 30 Minuten | ●●●

Zutaten

70 g	frische oder 20 g getrocknete Morcheln
20 g	Butter
20 ml	Weinbrand
120 ml	Schlagobers
2 EL	Sauce hollandaise (➜ S. 149)
	Salz
	Pfeffer

Zubereitung

1. Bei Verwendung von getrockneten Morcheln diese ein paar Stunden in Wasser einweichen. Danach den Fond abseihen und zur späteren Verarbeitung bereitstellen.
2. Morcheln der Länge nach halbieren und gut unter fließendem Wasser auswässern, sodass kein Sand mehr in den Lamellen ist.
3. Die Morcheln in brauner Butter anschwitzen und sogleich salzen und pfeffern.
4. Mit einem guten Schuss Weinbrand ablöschen und mit Schlagobers aufgießen.
5. Die Soße vom Herd nehmen und mit etwas Sauce hollandaise verrühren.

Morcheln besitzen von Haus aus wenig Eigengeschmack. Die Pilze in brauner Butter anzurösten hilft, deren feine Note hervorzuheben. Die Morcheln müssen auch, sobald sie in der Pfanne sind, gewürzt werden, da sie das Salz später nicht mehr aufnehmen.

Rotwein-Zwiebelsoße

6 | 75 Minuten | ●●●

Zutaten

2 EL	Butterschmalz
200 g	Zwiebeln
1 TL	Tomatenmark
20 ml	Madeira Likörwein
1/4 l	kräftiger Rotwein
1/4 l	Wasser

Gewürzsackerl

1 Zweig	Rosmarin
1 TL	Thymian
1 TL	Pfefferkörner
2	Lorbeerblätter
1 TL	Wacholderbeeren

1 TL	Zucker
	Suppengewürz
1/2 TL	Stärkemehl

Zubereitung

1. Die Zwiebeln in feine Würfel schneiden.
2. Pfefferkörner und Wacholderbeeren im Mörser quetschen. Den Rosmarinzweig in kleine Stücke brechen. Anschließend die Pfefferkörner, Wacholderbeeren, Lorbeerblätter, den Rosmarin und Thymian auf ein kleines Tuch legen, zu einem Säckchen falten und mit Küchengarn zu einem Gewürzsäckchen zusammenbinden.
3. Die Zwiebeln in Butterschmalz langsam hell anschwitzen (sie müssen gut durch sein und dürfen keine Zwiebelsäure mehr enthalten).
4. Tomatenmark hinzugeben, mit Rotwein und Madeira ablöschen und reduzieren lassen.
5. Mit Wasser aufgießen und das Gewürzsackerl dazugeben.
6. Die Zwiebelsoße etwa 1 Stunde auf kleiner Flamme köcheln und reduzieren lassen.
7. Mit Suppengewürz, Pfeffer und etwas Zucker abschmecken.
8. Stärkemehl mit kaltem Wasser glattrühren und die Soße damit binden.

Die Soße passt sehr gut zu Filetsteak, rosa gebratener Kalbsleber oder zu faschierten Laibchen.

Zitronen-Kräutersoße für Fisch

Zutaten

40 ml	Weißwein
10 ml	Zitronensaft
1/2 TL	Dijon-Senf
20 ml	Wasser
1 Prise	Suppengewürz
1 Prise	Salz
	Kräuter
20 g	Butter

Zubereitung

1. Weißwein in einer Pfanne auf etwa die Hälfte reduzieren lassen.
2. Wasser, Zitronensaft, Senf, Suppengewürz und Salz dazugeben und wieder um etwa die Hälfte reduzieren.
3. Die gehackten Kräuter dazugeben.
4. Butter in kleine Würfel schneiden und Stück für Stück mit einem Schneebesen in die stark kochende Soße einrühren.

Das Schwierige an der Soße ist das Binden mit Butter, dazu muss die Butter kalt sein, damit sie nicht zu schnell in der kochenden Soße emulgiert!
Diese Soße kann mit verschiedenen Kräutern versetzt werden, um Gerichten ganz unterschiedlichen Charakter zu verleihen.
Die Kräuter entfalten in dieser Soße ihren vollen Geschmack, deshalb mische ich selten Kräuter miteinander. Wenn Sie das aber möchten, achten Sie darauf, einen Konflikt der Aromen zu vermeiden.

Passende Kräuter zu Fisch: Petersilie, Estragon, Dill, Fenchelkraut, Schnittlauch, Thymian, Salbei, Bärlauch, Brennnessel, Löwenzahn, Kerbel, Kresse, Rucola, Rhabarberblätter, Minze, Zitronenmelisse.
Feine Kombinationen sind: Estragon mit Petersilie, Salbei mit Thymian, Thymian mit Fenchelkraut und Kümmel, Rhabarberblätter mit Zitronenmelisse.

Zitronen-Weißweinsoße

Zutaten

1/8 l	Weißwein
60 ml	Apfelsaft
10 ml	Zitronensaft
1/8 l	Schlagobers
	Salz
	Pfeffer
1	Gewürznelke
1 Prise	Mehl

Zubereitung

1. Weißwein, Apfel- und Zitronensaft mit der Gewürznelke auf circa ein Fünftel der ursprünglichen Menge einkochen.
2. Mit Schlagobers auffüllen, aufkochen lassen und würzen.
3. Die Gewürznelke entfernen, mit etwas Mehl stauben und mit dem Schneebesen (noch besser mit einem Mixstab) aufschlagen.
4. Abschmecken.

Diese herrlich frische Soße passt hervorragend zu Fisch, zu fast allen Nudelvariationen, zu Blattspinat, Gemüse, aber auch zu gebratenen Kalbs- oder Schweinsmedaillons.

Schnittlauchsoße

Zutaten

120 g	Toastbrot
120 ml	Milch
5 ml	Hesperiden-Essig
10 g	Estragon-Senf
1	Eidotter
	Salz
	Pfeffer
120 ml	Öl
1	hartgekochtes Ei
	Schnittlauch

Zubereitung

1. Toastbrot in kalter Milch einweichen und gut auspressen.
2. Im Standmixer Toastbrot, Eidotter, Senf, Essig, Salz und Pfeffer pürieren und nach und nach das Öl einmixen.
3. Das hartgekochte Ei durch eine Erdäpfelpresse drücken, den Schnittlauch schneiden.
4. Ei und Schnittlauch unter die Soße mischen.

Die Soße wird vor allem zu gekochtem Rindfleisch gereicht.

Sauce hollandaise

4 | 25 Minuten | ●●●

Zutaten

2	Eidotter
2 EL	Weißwein
200 g	Butter
	Salz
	Cayennepfeffer
	Zitronensaft
1 Prise	Suppengewürz

Zubereitung

1. Butter schmelzen lassen (darf nicht mehr als 50 °C haben).
2. Einen kleinen Topf 2 cm hoch mit Wasser füllen und dieses zum Kochen bringen.
3. Eidotter in einer Schüssel (noch besser ist ein runder Handschneekessel) mit dem Weißwein über Wasserdampf cremig warm schlagen.
4. Vom Dampf nehmen und ganz langsam die warme Butter einrühren.
5. Würzen und abschmecken.

Mit einer Sauce hollandaise kann man ziemlich jede Cremesuppe verfeinern und ihr einen professionellen Touch verleihen.

Varianten

Hollandaise mit gehacktem Estragon und Petersilie zu gegrilltem Fleisch oder Spargel
Hollandaise mit Tomatenmark zu gegrilltem Fleisch oder Meeresfisch
Hollandaise mit Olivenöl zu gegrilltem Fleisch oder Fisch
Hollandaise mit Orangensaft zu Spargel (keinen Zitronensaft dazugeben)
Hollandaise mit geriebenem Käse (im Backrohr bei starker Oberhitze) gratiniert
Hollandaise mit geriebenen, gerösteten Haselnüssen zu Forellen

Apfelkren

4 | 15 Minuten |

Zutaten

1	säuerlicher Apfel
1	Zitrone
1 Schuss	Weißwein
1 Prise	Zucker
	Kren

Zubereitung

1. Die Zitrone gut auspressen.
2. Apfel schälen, fein reiben und sofort mit dem Zitronensaft vermengen, damit er nicht braun wird.
3. Auf dem Herd mit etwas Zucker und Weißwein aufkochen lassen und anschließend kaltstellen.
4. Erst kurz vor dem Anrichten mit frisch geriebenem Kren verrühren.

Semmelkren

Zutaten

1/2 l	Wasser
10 g	Suppengewürz
80 g	Knödelbrot
20 ml	Schlagobers
1	Ei
	Kren

Zubereitung

1. Wasser mit Suppengewürz, Knödelbrot und Schlagobers aufkochen.
2. Mit dem Stabmixer gut durchmixen.
3. Noch einmal aufkochen, Ei einschlagen und mit dem Schneebesen vorsichtig verschlagen, sodass Fäden entstehen.
4. Abschmecken, kurz vor dem Servieren mit frisch geriebenem Kren aromatisieren.

Apfel- und Semmelkren werden zu gekochtem Rindfleisch gereicht.

Buttermilch-Terrine

10 | 30 Minuten 4 Stunden | ●●●

Zutaten

1/2 l	Buttermilch
150 g	Topfen
1	Zitrone
1	Orange
120 g	Kristallzucker
9 Blatt	Gelatine
150 ml	Schlagobers

Nach Wunsch Weichseln, Beeren, Fruchtsoßen, Zitronenmelisse

Zubereitung

1. Gelatine in kaltem Wasser einweichen.
2. Buttermilch und Topfen verrühren.
3. Zitronen- und Orangenschale abreiben und dazumischen, ebenso deren Saft.
4. Zucker untermischen und Schlagobers halbsteif aufschlagen.
5. Gelatine aus dem Wasser nehmen, ausdrücken und in einer Schüssel erwärmen, sodass sie sich auflöst.
6. Dann in die Masse einrühren und das Schlagobers unterheben.
7. Eine Terrinenform mit Frischhaltefolie auslegen, Masse einfüllen, mit Folie verschließen und im Kühlschrank einige Stunden gut durchkühlen lassen.
8. Die Terrine aus der Form stürzen und die Folie abziehen.
9. In Scheiben schneiden und nach Wunsch zum Beispiel mit Weichseln, Beeren, Fruchtsoßen und Melisse garnieren.

Grießpudding

4 | 30 Minuten 4 Stunden | ●●●

Zutaten

1/4 l	Milch
50 g	Zucker
8 g	Vanillezucker
1 Prise	Salz
40 g	Grieß
1/4 l	Schlagobers
4 Blatt	Gelatine
	Himbeersirup oder Marillenröster (→ S. 186)

Zubereitung

1. Gelatine in kaltem Wasser einweichen.
2. Milch mit Zucker und Salz aufkochen.
3. Den Grieß einrühren und unter ständigem Rühren einige Minuten leicht kochen lassen.
4. Den Topf vom Herd nehmen. Gelantineblätter aus dem Wasser nehmen, abtropfen lassen und in die Grießmasse einrühren.
5. Auskühlen lassen.
6. Das Schlagobers halb steif schlagen und unter die Masse heben.
7. Die Masse in kalt ausgeschwemmte, noch nasse Puddingformen füllen und einige Stunden im Kühlschrank gut durchkühlen lassen.
8. Den Pudding auf die Teller stürzen und mit Himbeersirup oder Marillenröster anrichten.

Erdbeerstanitzel

Zutaten

1	Ei
50 g	Zucker
1 Prise	Vanillezucker
50 g	Mehl
1/4 l	Schlagobers
50 g	Zucker
1/4 kg	Erdbeeren

Zubereitung

1. Das Ei mit Zucker und Vanillezucker schaumig aufschlagen.
2. Das Mehl unterheben.
3. Mit einem Löffel die Masse in fünf Portionen kreisförmig im Durchmesser von 15–20 cm auf ein befettetes Blech dünn aufstreichen.
4. Im Backrohr bei 200 °C backen, bis die Teigflecke Farbe annehmen.
5. Mit einer Spachtel oder Palette noch heiß vom Blech abziehen und sofort tütenförmig drehen.
6. Schlagobers mit Zucker steif schlagen und in die Stanitzel füllen.
7. Erdbeeren putzen, halbieren oder vierteln und die Stanitzel damit garnieren.
8. Mit Staubzucker bestreuen.

Werden die Stanitzel zu schnell fest, so kann man sie durch nochmaliges Erwärmen im heißen Backrohr wieder weich bekommen.

Somlauer Nockerl

8 | 200 Minuten | mind. 1 Tag | ●●●

Zutaten

Vanillecreme

1/3 l Milch
70 g Kristallzucker
1 Eidotter
25 g Stärkemehl

Läuterzucker

1/4 l Wasser
110 g Kristallzucker
100 ml Inländer-Rum 38 %

Biskuit

5 Eier
110 g Kristallzucker

50 g Mehl
7 g Stärkemehl

50 g Mehl
7 g Kakaopulver (bitter)

Buttercreme

1 Eidotter
25 g Kristallzucker
25 g Staubzucker
70 g Butter

Garnierung

Schlagobers,
Schokoladensoße
(➔ S. 190)
geröstete
Mandelblättchen

Vorbereitung

Vanillecreme

1. Etwas kalte Milch mit Stärkemehl und Eidotter glatt verrühren.
2. Die restliche Milch mit dem Kristallzucker aufkochen.
3. Die Ei-Stärkemehl-Milch einrühren und kurz unter ständigem Rühren zu einer dicken Vanillecreme kochen lassen.
4. Zum Auskühlen am besten in eine Metallschüssel umfüllen und in ein kaltes Wasserbad stellen, ab und zu umrühren.

Läuterzucker

5. Wasser mit Kristallzucker aufkochen.
6. Abkühlen lassen, danach mit Rum aromatisieren.

Biskuit

7. Backrohr auf Heißluft auf 180 °C vorheizen.
8. Mehl mit Stärkemehl in eine Schüssel sieben und in eine andere Schüssel das Mehl mit Kakaopulver.
9. Eier mit Kristallzucker am besten mit einem Handmixer oder in der Küchenmaschine etwa 10 Minuten auf höchster Stufe schön cremig aufschlagen, danach die Masse in zwei gleiche Teile teilen.
10. Unter die eine Hälfte das die Stärkemehl-Mischung heben, unter die andere das Kakao-Mehl.
11. Zwei Backbleche mit Backpapier auslegen und jeweils eine Masse etwa 1,5 cm dick aufstreichen.
12. Ins Backrohr schieben, die Hitze auf 140 °C reduzieren und die Biskuitflecke etwa 15 Minuten durchbacken.

Somlauer Nockerl sind eine ungarische Spezialität. Dieses Rezept ist durch die vielen Arbeitsschritte sehr aufwendig, aber es lohnt sich!

Wenn die Butter zu kalt ist oder zu schnell zur Eiermasse gegeben wird, verbindet sie sich nicht mit der Eiermasse. Ein Trick ist, die Masse über heißem Dampf unter Schlagen leicht zu erwärmen, bis diese „sich fängt" und bindet. Anschließend kalt schlagen.

Zutaten

Füllcreme

	Vanillecreme
	Buttercreme
20 ml	Inländer-Rum 38 %

Somlauer Nockerl

heller	Biskuitfleck
dunkler	Biskuitfleck
	Läuterzucker
ca. 70 g	Haselnüsse, gerieben und geröstet
	Kakaopulver (bitter)

Je länger der Kuchen im Kühlschrank anziehen kann, umso besser werden die Nockerl. Am besten sind sie am dritten Tag.

Buttercreme

13. Die Butter in kleine Würfel schneiden und an einen warmen Ort stellen, damit diese sehr weich werden. Staubzucker durch ein Haarsieb sieben.
14. Dotter mit Kristallzucker über Dampf warm aufschlagen, anschließend mit dem Handmixer auf höchster Stufe so lange mixen, bis die Masse wieder kalt ist.
15. Langsam die Butter und den Staubzucker hinzufügen und so lange schlagen, bis die Eiermasse die Butter voll aufgenommen hat.

Fertigstellung

1. Für die Füllcreme zuerst die Vanillecreme mit Rum glattrühren, danach die Buttercreme einrühren.
2. Die Biskuitflecke in je zwei gleich große Rechtecke schneiden, sodass wir je zwei helle und zwei dunkle Biskuitflecke haben.
3. Den hellen Biskuitfleck in eine passende ofenfeste Form legen.
4. Mit einem Viertel des Läuterzuckers tränken (am besten mithilfe eines Pinsels).
5. Ein Drittel der Füllcreme auftragen und mit einem Drittel der Haselnüsse bestreuen.
6. Den dunklen Biskuitfleck darauflegen.
7. Anschließend wieder mit einem Viertel des Läuterzuckers tränken und ein weiteres Drittel der Füllcreme auftragen und mit Haselnüssen bestreuen. Nun wieder den hellen Biskuitfleck darauflegen und wie gehabt verfahren.
8. Der letzte dunkle Biskuitfleck bildet den Abschluss. Diesen mit dem restlichen Läuterzucker tränken und satt mit Kakaopulver bestreuen.
9. Abgedeckt im Kühlschrank mindestens einen Tag gut durchkühlen lassen. Der Kuchen sitzt dabei zusammen und wird stichfest.
10. Mit einem Suppenlöffel große Nocken abstechen. Auf Tellern anrichten und mit Schlagobers, Schokoladensoße und gerösteten Mandelblättchen garnieren.

Linzer Torte

6 | 1,5 Stunden | ●●●

Zutaten

250 g	Butter
250 g	Staubzucker
5	Eidotter
20 ml	Zitronensaft
250 g	Mandeln, gerieben
250 g	Mehl
7 g	Backpulver
1 TL	Zimt, gemahlen
1 Msp.	Gewürznelken, gemahlen
	Mürbteigboden (➜ S. 180)
	Backoblate
6 EL	Ribiselmarmelade

Zubereitung

1. Butter mit Zucker und Eidotter schön schaumig aufschlagen, nach und nach den Zitronensaft untermischen.
2. Mehl, Mandeln, Backpulver, Zimt und Nelken miteinander vermischen und unter die Buttermasse heben.
3. Zwei Drittel der Masse in eine gebutterte, bemehlte Backform füllen.
4. Oblate zuschneiden und darauflegen, mit 3 EL Ribiselmarmelade bestreichen. Den restlichen Teig mit einem Dressiersack mit großer Tülle gitterförmig aufspritzen.
5. Die Torte im vorgeheizten Backrohr bei 160 °C etwa 1 Stunde backen, danach das Rohr ausschalten und den Kuchen noch 10 Minuten nachziehen lassen.
6. Auskühlen lassen.
7. Mürbteig-Tortenboden backen, mit der restlichen Ribiselmarmelade bestreichen, die Torte daraufsetzen und mit Staubzucker bestreuen.

Dazu passt Preiselbeerobers: Mischen Sie dazu einfach Preiselbeermarmelade mit geschlagenem Obers.

Für dieses Rezept danke ich Oma Arming.

Schokoladentorte

1 Torte | 1,5 Stunden | ●●●

Zutaten

150 g	Butter, zimmerwarm
120 g	Staubzucker
7	Eier, zimmerwarm
150 g	Kuvertüre
120 g	Kristallzucker
150 g	Mehl
2 g	Backpulver
etwas	handwarme Butter und etwas Mehl zum Ausstreichen der Kuchenform

Schokoladenglasur
(➔ S. 190)

Zubereitung

1. Kuvertüre in einer feuerfesten Schüssel im Backrohr bei 60 °C schmelzen.
2. Eine Kuchen- oder Springform (24 cm) mit Butter ausstreichen und bemehlen.
3. Dotter vom Eiklar trennen.
4. Butter mit Eidotter und Staubzucker schaumig schlagen.
5. Eiklar mit Kristallzucker zu Schnee schlagen.
6. Die zerlassene Kuvertüre unter die Buttermasse rühren. Das Backrohr auf 160 °C Ober- und Unterhitze aufheizen.
7. Den Schnee unter die Masse heben.
8. Mehl und Backpulver sieben und unter die Masse heben.
9. Die Masse in die Kuchenform füllen und im Backrohr etwa 45 Minuten durchbacken.
10. Danach die Torte noch heiß auf ein bemehltes Blech stürzen und auskühlen lassen.
11. Mit Schokoladenglasur überziehen.

Vanilleeis

4 | 30 Minuten 6 Stunden | ●●●

Zutaten

1	Ei
1	Eidotter
40 g	Kristallzucker
1	Vanilleschote
1 Prise	Salz
1/4 l	Schlagobers

Zubereitung

1. In einem Topf zwei Finger hoch Wasser zum Kochen bringen.
2. Vanilleschote der Länge nach halbieren und das Mark mit einem Messer herausschaben.
3. Ei, Eidotter, Kristallzucker, Vanillemark und eine kleine Prise Salz in einer Metallschüssel mittels Schneebesen über Wasserdampf sehr warm aufschlagen. Anschließend vom Topf nehmen und kräftig kalt schlagen (die Masse wird dabei besonders cremig).
4. Schlagobers steif schlagen und unter die Masse rühren.
5. Eine Terrinenform mit Frischhaltefolie auslegen. Die Masse einfüllen, mit Frischhaltefolie verschließen und mindestens 6 Stunden einfrieren.

Mit den ausgestreiften Schotenhälften können Sie einen sehr guten Vanillezucker herstellen. Schneiden Sie hierfür die Schoten in kleinere Stücke und mischen diese mit 100 g Kristallzucker. Anschließend geben Sie den Vanillezucker in eine gut verschließbare Dose zur weiteren Verwendung.

Marilleneis

4 | 30 Minuten 6 Stunden | ●●●

Zutaten

1	Ei
40 g	Kristallzucker
5 g	Vanillezucker
1 Schuss	Inländer-Rum 38 %
120 g	Marillenröster (→ S. 186)
1/4 l	Schlagobers
	Schlagobers, Marillenspalten oder -röster, Zitronenmelisse

Zubereitung

1. In einem Topf zwei Finger hoch Wasser zum Kochen bringen.
2. Ei, Kristallzucker, Vanillezucker und Rum in einer Metallschüssel mittels Schneebesen über Wasserdampf sehr warm aufschlagen. Anschließend vom Topf nehmen und kräftig kalt schlagen (die Masse wird dabei besonders cremig).
3. Schlagobers steif schlagen.
4. Den Marillenröster in ein Sieb geben und den Marillensaft auffangen. Die Marillenstücke mit einem Kochlöffel unter die Masse heben, ebenso das Schlagobers.
5. Eine Terrinenform mit Frischhaltefolie auslegen. Die Masse einfüllen, mit Frischhaltefolie verschließen und mindestens 6 Stunden einfrieren.

Mit Marillenspalten oder -röster, geschlagenem Obers und Zitronenmelisse garnieren. Den überschüssigen Marillensaft kann man als Erfrischungsgetränk mit Mineral- oder Leitungswasser gespritzt genießen.

Apfelstrudel

10 | 50 Minuten 45 Minuten | ●●●

Zutaten

	Strudelteig (➜ S. 181)
1 kg	Äpfel, geschält und entkernt
175 g	Kristallzucker
8 g	Zimt, gemahlen
	Saft von 3 Zitronen
20 ml	Inländer-Rum 38 %
100 g	Rosinen
150 g	Butter

Butterbrösel

50 g	Butter
100 g	Semmelbrösel
40 g	Kristallzucker

Zubereitung

1. Strudelteig laut Rezept bereiten.
2. Äpfel vierteln, blättrig schneiden und mit den Gewürzen marinieren.
3. Abschmecken (saure Äpfel brauchen etwas mehr Zucker, süße etwas mehr Zitronensaft).
4. Butter in einer Pfanne erhitzen, einmal aufschäumen lassen und zum Bestreichen des Strudels bereitstellen.
5. Für die Butterbrösel Semmelbrösel in einem Topf trocken hellbraun rösten, vom Herd nehmen, etwa 5 Minuten abkühlen lassen, anschließend die Butter und den Zucker einrühren.
6. Ein Tuch mit Mehl gut einstauben, den Teig ebenfalls mit Mehl einstauben, auf das Tuch legen und mit einem Nudelholz gleichmäßig ausrollen. Mit beiden Händen den Teig so dünn wie möglich ausziehen, danach die Teigränder wegschneiden. Den Teig mit der zerlassenen Butter bepinseln, mit Butterbröseln bestreuen und mit Fülle belegen. Den Teig mit der Fülle einrollen, auf ein mit Backpapier belegtes Backblech legen und mit zerlassener Butter bestreichen.
7. Im vorgeheizten Backrohr bei 180 °C goldgelb rund 45 Minuten backen.

Der Geschmack des Apfelstrudels hängt natürlich sehr stark von der verwendeten Apfelsorte ab, deshalb sind auch die Gewichtsangaben nur als Richtlinie zu verstehen.

Milchrahmstrudel

12 | 50 Minuten 45 Minuten | ●●●

Zutaten

	Strudelteig (➜ S. 181)
150 g	zerlassene Butter zum Bestreichen

Fülle

200 g	Butter
5	Eier, getrennt
100 g	Staubzucker
100 g	Kristallzucker
500 g	Sauerrahm
100 g	Rosinen

Eiermilch

300 ml	Milch
2	Eier
3	Eidotter
	Vanillesoße (➜ S. 191)

Zubereitung

1. Strudelteig laut Rezept bereiten und mindestens 1 Stunde rasten lassen.
2. Butter mit Staubzucker und Eidottern schaumig schlagen.
3. Eiklar mit dem Kristallzucker zu einem cremigen, fast steifen Schnee schlagen.
4. Ein Drittel des Schnees mit einem Kochlöffel unter die Buttermasse geben, danach den restlichen Schnee unterheben.
5. Sauerrahm mit einem Schneebesen verrühren, sodass dieser keine Klumpen bildet, und mit den Rosinen unter die Masse heben.
6. Ein Tuch mit Mehl gut einstauben, den Teig ebenfalls mit Mehl einstauben, auf das Tuch legen und mit einem Nudelholz gleichmäßig ausrollen. Mit beiden Händen den Teig so dünn wie möglich ausziehen, danach die Teigränder wegschneiden.
7. Den Teig mit zerlassener Butter bepinseln, die Fülle auf den Teig auftragen und einrollen. Die beiden Teigenden zusammendrücken, damit der Teig verklebt und die Fülle nicht auslaufen kann.
8. Den Strudel auf ein mindestens 5 cm tiefes, ausgebuttertes Backblech oder in eine Bratenrein legen und mit flüssiger Butter bepinseln.
9. Im vorgeheizten Backrohr bei 180 °C circa 25 Minuten anbacken.
10. Für die Eiermilch die Milch mit den Eiern und den Eidottern verschlagen und den Strudel damit übergießen.
11. Etwa 20 Minuten fertigbacken.

Alle Zutaten für die Fülle sollten Zimmertemperatur haben.

Rhabarber-Topfenstrudel

12 | 50 Minuten | 45 Minuten | ●●●

Zutaten

	Strudelteig (➔ S. 181)
250 g	Topfen
30 g	Butter
2	Eidotter
1	Eiklar
1 Prise	Salz
100 g	Zucker
1 Pk.	Vanillezucker
20 g	Stärkemehl
1,3 kg	Rhabarber
280 g	Preiselbeerkompott

Butterbrösel

50 g	Butter
100 g	Semmelbrösel
40 g	Kristallzucker

Zubereitung

1. Strudelteig bereiten und rasten lassen, Backrohr auf 160 °C vorheizen.
2. Für die Butterbrösel Semmelbrösel in einem Topf trocken hellbraun rösten, vom Herd nehmen, etwa 5 Minuten abkühlen lassen, anschließend die Butter und den Zucker einrühren.
3. Butter erwärmen.
4. Topfen mit flüssiger Butter, Eidotter, Salz, Zucker, Vanillezucker und Stärkemehl verrühren.
5. Eiklar mit Zucker zu Schnee schlagen und unterheben.
6. Rhabarber abziehen, in kleine Stücke schneiden und mit Preiselbeerkompott mischen.
7. Strudelteig ausziehen, mit Butter bestreichen und mit Bröseln bestreuen.
8. Die Topfenmasse auftragen und verstreichen, Rhabarber mit Preiselbeerkompott darauf verteilen und den Strudel einrollen.
9. Auf ein befettetes Backblech legen und im Backofen etwa 45 Minuten backen.

Bratäpfel

4 | 1 Stunde | ●●●

Zutaten

4	säuerliche Äpfel
1	Zimtstange
4 EL	Butter

Nussfülle

6 EL	gemischte Nüsse
4 EL	Preiselbeerkompott
4 TL	Butter

Maronifülle

100 g	Maronenpüree
1 TL	Honig
1 EL	Preiselbeerkompott
2 EL	Mandeln, gerieben
1/2 TL	Vanillezucker
1 Prise	Zimt, gemahlen
4	Tropfen Zitronensaft

Vanillesoße (➜ S. 191)

Zubereitung

1. Mit einem Apfelausstecher den Apfel rund um das Kerngehäuse einschneiden, ohne den Apfel ganz durchzustechen. Mithilfe eines Mokkalöffels das Kerngehäuse entfernen und innen etwas ausschaben.
2. Die Zimtstange in vier Teile brechen.
3. Jeden Apfel mit einem Zimtstück füllen und mit einem EL Butter verschließen.
4. Im Backrohr bei 180 °C circa 45 Minuten braten, bis die Äpfel weich sind.
5. Mit Vanillesoße servieren.

Anstatt mit Zimt können die Bratäpfel auch mit anderen Füllungen bereitet werden:

Mit Nussfülle

1. Die Nüsse etwas klein hacken.
2. Zuerst die Nüsse, danach das Preiselbeerkompott in die Äpfel füllen, danach die Öffnung mit je 1 EL Butter verschließen.
3. Die Äpfel wie oben beschrieben braten.

Mit Maronifülle

1. Für die Fülle alle Zutaten miteinander verrühren.
2. Die Fülle mit einem Spritzbeutel in die Äpfel pressen.
3. Die Äpfel wie oben beschrieben braten.

Gebackene Hollerblüten

mit Weinschaum

Zutaten

12	Hollerblüten

Backteig

1/4 l	Weißwein
4	Eier
60 g	Zucker
1 Pk.	Vanillezucker
2 g	Salz
250 g	Mehl
	Backfett

Weinschaum

1/4 l	Weißwein
60 g	Zucker
1 Pk.	Vanillezucker
40 ml	flüssiges Schlagobers
1	Eidotter
10 g	Stärkemehl
100 ml	Schlagobers

Zubereitung

Backteig

1. Für den Backteig alle Zutaten zu einem glatten Teig verrühren.

Weinschaum

2. Weißwein mit Zucker und Vanillezucker aufkochen und um etwa die Hälfte reduzieren lassen.
3. Das flüssige Schlagobers mit Eidotter und Stärkemehl glattrühren und den Weißwein damit binden, kurz aufkochen lassen, Topf vom Herd nehmen und kalt rühren.
4. Das Schlagobers halb steif schlagen und unter die kalte Soße heben.

Hollerblüten

5. Die Hollerblüten in Backteig tauchen, abtropfen lassen und in heißem Backfett goldbraun backen.
6. Auf Küchenpapier abtropfen lassen.
7. Gebackene Hollerblüten mit Weinschaum anrichten und mit Staubzucker bestreuen.

Bartlmä-Knödel

4 | 1,5 Stunden | ●●●

Gebackene Apfelknödel

Zutaten

6 säuerliche Äpfel
Saft von 1/2 Zitrone
2 EL Kristallzucker
1 Prise Vanillezucker
1 Prise Zimt, gemahlen
1 Prise Lebkuchengewürz
20 ml Inländer-Rum 38 %
1 EL Butter
1 Ei
60 g Haselnüsse, gerieben
60 g Semmelbrösel
1 EL Mehl

Mehl, Ei
Mandelblättchen
Backfett
Vanillesoße (→ S. 191)

Zubereitung

1. Die Äpfel schälen, entkernen und in 1 cm große Würfel schneiden.
2. Mit Zitronensaft, Gewürzen und Rum marinieren. Das Ei unter die Masse mischen.
3. Die geriebenen Haselnüsse und Semmelbrösel in einer Pfanne trocken rösten und zur Apfelmasse geben.
4. Butter in einer Pfanne bräunen und ebenfalls zu den Apfelwürfeln geben.
5. Mehl unter die Apfelmasse heben, alles gut mischen und abschmecken.
6. Kleine Knödel formen und in Mehl, verschlagenem Ei und Mandelblättchen panieren.
7. Mit Vanillesoße servieren.

Heidelbeerschmarren

Zutaten

100 g Mehl
1/8 l Obers oder Milch
1 Prise Salz
2 Eier, getrennt
50 g Butter
1/2 kg Heidelbeeren
120 g Zucker

Zubereitung

1. Backrohr auf 200 °C vorheizen.
2. Obers oder Milch, Mehl, Salz und Eidotter miteinander verschlagen.
3. Schnee schlagen und unter die Masse heben.
4. Die Butter in einer Pfanne erhitzen, Teig eingießen und anbacken.
5. Heidelbeeren mit Zucker vermischen und auf dem Teig verteilen.
6. Im Backrohr rund 20 Minuten backen.
7. Zerreißen, anrichten und mit etwas mit Kristall- oder Staubzucker bestreuen.

Pinzgauer Bauchkrapfen

4 | 30 Minuten | 1 Stunde | ●●●

Zutaten

Teig

60 ml	Milch
2 EL	Butter
1	Ei
200 g	Mehl
1 Prise	Salz

Fülle

6	Äpfel
1/2	Zitrone
10 ml	Inländer-Rum 38 %
1 EL	Kristallzucker
	Zimt, gemahlen
40 g	Haselnüsse, gerieben und geröstet
1	Ei verquirlt, zum Bestreichen
	Backfett
	Staubzucker

Zubereitung

Teig

1. Milch mit der Butter aufkochen.
2. Mehl, Salz, Ei mit der heißen Milch zu einem Teig verarbeiten und anschließend etwa eine halbe Stunde rasten lassen.

Fülle

3. Äpfel schälen und grob raspeln.
4. Mit Zitronensaft und den Gewürzen marinieren, die Haselnüsse dazugeben, mischen und abschmecken.

Bauchkrapfen

5. Den Teig dünn ausrollen.
6. Quadratische oder kreisrunde Flecke im Durchmesser von etwa 10 cm ausstechen.
7. Mit der Apfelfülle füllen.
8. Teigenden mit Ei bestreichen, zusammenklappen und die Ränder andrücken.
9. In Backfett schwimmend goldgelb backen.
10. Mit Staubzucker bestreut servieren.

Pinzgauer Topfennudeln

Zutaten

250 g	Topfen
2	Eier
4 g	Salz
	Schale von 1/2 Zitrone
75 g	griffiges Mehl
	Butterschmalz
	Preiselbeermarmelade

Zubereitung

1. Alle Zutaten (außer der Marmelade) zu einem Teig verarbeiten.
2. Laibchen formen und langsam in Butterschmalz goldgelb braten.
3. Mit Preiselbeermarmelade servieren.

Sennenhupfer

12 | 20 Minuten | ●●●

Zutaten

250 g	Topfen
4	Eier
4 g	Salz
130 g	Kristallzucker
8 g	Vanillezucker
15 g	Backpulver
300 g	Mehl
1 l	Öl oder Butterschmalz zum Frittieren

Zubereitung

1. Alle Zutaten zu einem Teig verrühren.
2. Mit einem Löffel große Nocken in heißes Öl oder Butterschmalz einlegen und frittieren.

Mit Apfelmus oder Schwarzbeerröster (➜ S. 187) servieren.

Erdbeerknödel

Zutaten

10	Erdbeeren
250 g	Topfen
60 g	Butter
1	Ei
25 g	Kristallzucker
4 g	Vanillezucker
5 g	Salz
	Schale von 1/2 Zitrone
150 g	griffiges Mehl Type 480
	Butterbrösel (➜ S. 141)
100 g	Butter
	Staubzucker

Zubereitung

1. Topfen mit flüssiger Butter, Ei, Zucker, Salz und der geraspelten Zitronenschale verrühren, anschließend das Mehl in die Masse einarbeiten.
2. Den Teig etwa 10 Minuten rasten lassen und anschließend in 10 gleich große Teile teilen.
3. Die Erdbeeren mit Topfenteig etwa 1 cm dick umhüllen und in siedendem Wasser circa 10 Minuten kochen.
4. Die gekochten Knödel in Butterbröseln wälzen, anrichten, mit zerlassener Butter überziehen und mit Staubzucker bestreuen.

Variante Brombeerknödel: dafür verwendet man anstatt Erdbeeren einfach große Brombeeren.

Lungauer Topfentascherl

Zutaten

Teig

1/2 kg	mehlige Erdäpfel
2 EL	Butter
2	Eidotter
1 Prise	Salz
1 EL	Staubzucker
1 Pk.	Vanillezucker
200 g	griffiges Mehl

Fülle

80 g	Butter
100 g	Staubzucker
3	Eidotter
200 g	Topfen
	Schale von 1/2 Zitrone
30 g	Rosinen

Nussmantel

200 g	Haselnüsse, gerieben
50 g	Semmelbrösel
70 g	Staubzucker
1 Prise	Zimt, gemahlen
	Schale von 1/2 Zitrone

flüssige Butter zum Bepinseln
Staubzucker

Zubereitung

Teig

1. Erdäpfel mit der Schale kochen, noch heiß schälen und durch die Erdäpfelpresse großflächig auf eine Arbeitsplatte drücken. Anschließend circa 20 Minuten rasten und auskühlen lassen.
2. Danach mit allen Zutaten rasch zu einem Teig verarbeiten und wieder 10 Minuten rasten lassen.

Fülle

3. Butter mit Eidottern und Staubzucker schaumig rühren.
4. Topfen, Rosinen und Zitronenschale dazugeben und gut vermischen.

Tascherl

5. Den Erdäpfelteig circa 3 mm dick ausrollen.
6. Mit einem Rundausstecher Kreise ausstechen und die Teigränder mit Ei bestreichen.
7. Mit Topfenfülle belegen, zusammenschlagen und die Teigränder leicht zusammendrücken.

Nussmantel

8. Haselnüsse und Semmelbrösel in einer Pfanne ohne Fett anrösten.
9. Vom Herd nehmen und etwas auskühlen lassen.
10. Mit Staubzucker, Zimt und Zitronenschale vermischen.

11. Die Topfentascherl in kochendem Salzwasser etwa 6 Minuten leicht sieden lassen, dann heiß in der Nussmischung wälzen, mit etwas flüssiger Butter überziehen und mit Staubzucker bestreuen.

Kürbiskern-Topfengugelhupf

10 | 1,5 Stunden | ●●●

Zutaten

10 g	Butter und
5 g	Salz zum Rösten der Kürbiskerne
130 g	Butter
5	Eier, getrennt
80 g	Staubzucker
80 g	Kristallzucker
130 g	Topfen
40 g	Honig
1	Zitrone
7 g	Vanillezucker
7 g	Backpulver
90 g	Kürbiskerne
60 g	Haselnüsse, gerieben und geröstet
50 g	Semmelbrösel
	Butter und Mehl zum Ausstreichen der Form

Zubereitung

1. Das Backrohr auf 180 °C aufheizen, eine Gugelhupfform mit weicher Butter ausstreichen und mit Mehl ausstauben.
2. In einer Pfanne die Kürbiskerne mit Butter und etwas Salz rösten, bis sie anfangen aufzuspringen, danach auf Küchenpapier abtropfen und auskühlen lassen. Die ausgekühlten Kürbiskerne auf einem Brett mit einem Messer etwas kleiner schneiden. Dann mit den gerösteten Haselnüssen und Semmelbröseln mischen.
3. Weiche Butter mit Staubzucker schaumig schlagen, nach und nach die Eidotter dazugeben.
4. Zimmerwarmen Topfen mit Abrieb der Zitrone, Zitronensaft, Honig, Vanillezucker und Backpulver verrühren und unter den Butterabtrieb rühren.
5. Eiklar mit Kristallzucker zu Schnee schlagen und vorsichtig unter die Masse heben, ebenso die Kürbiskern-Brösel-Mischung.
6. Die Masse in die vorbereitete Gugelhupfform einfüllen und im Backrohr bei 180 °C 10 Minuten anbacken und anschließend bei 160 °C 40 Minuten fertigbacken.

Pofesen

4 | 20 Minuten | ●●●

Zutaten

8	Scheiben Toast oder Weißbrot
	Powidl
1/4 l	Milch
3	Eier
1 TL	Mehl
	Backfett

Zubereitung

1. Die Hälfte der Toastscheiben dick mit Powidl bestreichen und jeweils eine Toastscheibe daraufsetzen.
2. Die „Powidl-Sandwiches“ diagonal halbieren.
3. Milch in eine Schüssel geben, die Eier mit dem Mehl in einer anderen Schüssel verschlagen.
4. Die Pofesen zuerst kurz in Milch und anschließend in der Ei-Mischung einweichen.
5. Anschließend in heißem Backfett beidseitig goldgelb backen.

Nusspofesen

Zutaten

Nussfülle

20 g	Marzipan
60 ml	Schlagobers
1	Ei
25 g	Zucker
1	Schuss Inländer-Rum 38 %
30 g	Haselnüsse, gerieben und geröstet
40 g	Semmelbrösel

Pofesen

8	Scheiben Toast oder Weißbrot
1/4 l	Milch
3	Eier
1 TL	Mehl
	Backfett

Zubereitung

Fülle

1. Marzipan mit Schlagobers, Ei, Zucker und Rum verschlagen.
2. Haselnüsse und Semmelbrösel dazumischen.

Pofesen

3. Die Hälfte der Toastscheiben schön dick mit der Fülle bestreichen und jeweils eine Toastscheibe daraufsetzen.
4. Die „Sandwiches“ diagonal halbieren.
5. Milch in eine Schüssel geben, die Eier mit dem Mehl in einer anderen Schüssel verschlagen.
6. Die Nusspofesen zuerst kurz in Milch und anschließend in der Ei-Mischung einweichen.
7. Anschließend in heißem Backfett beidseitig goldgelb backen.

Beim Backen sollen Eifäden entstehen und die Pofesen sollen knusprig werden. Mit Staubzucker bestreuen und warm servieren.

Gebackene „Ochsenschoas“

4 | 20 Minuten | ●●●

Zutaten

100 g Toastbrot
25 g griffiges Mehl
50 g Butter, zimmerwarm
40 g Staubzucker
2 Eidotter
1 Eiklar
40 g Kristallzucker
1 Prise Salz
150 g Topfen, zimmerwarm
Saft und Schale von 1/2 Zitrone
Backfett

Zwetschkenröster (→ S. 186)

Zubereitung

1. Toast entrinden, ganz fein hacken und mit dem Mehl vermischen.
2. Butter mit Staubzucker, Salz und den Eidottern schön schaumig aufschlagen.
3. Zitronenschale und -saft mit dem Topfen verrühren und diesen unter die Buttermasse mischen.
4. Eiklar mit Kristallzucker zu Schnee schlagen.
5. Den Eischnee und das Weißbrotmehl unter die Masse heben.
6. Mit einem Löffel große Nockerl formen und diese in heißem Backfett goldbraun backen.
7. Mit Staubzucker bestreuen und mit Zwetschkenröster servieren.

Topfenknödel

6 | 20 Minuten 1 Stunde | ●●●

Zutaten

250 g Topfen
30 g Butter
1 Ei
1 Eidotter
40 g Weizengrieß
20 g griffiges Mehl
1 Prise Salz
40 g Kristallzucker

Butterbrösel (→ S. 141)
zerlassene Butter
Staubzucker
Zwetschkenröster (→ S. 186)

Zubereitung

1. Butter erwärmen, bis sie flüssig ist.
2. Butter in den Topfen einrühren, ebenso das Ei, den Eidotter, Salz und Zucker.
3. Grieß mit Mehl zusammenmischen und unter die Masse rühren.
4. Die Masse im Kühlschrank mindestens 1 Stunde rasten lassen.
5. Knödel formen und in kochendes Salzwasser einlegen. Nach einer Minute die Herdplatte zurückschalten und rund 10 Minuten leicht köcheln lassen.
6. Knödel in Butterbröseln wälzen und mit zerlassener Butter, Staubzucker und Zwetschkenröster servieren.

Topfenpalatschinken

4 | 30 Minuten | ●●●

Zutaten

4 Stück	Palatschinken (➔ S. 36)
50 g	Butter
1	Ei, getrennt
30 g	Staubzucker
30 g	Kristallzucker
300 g	Topfen
20 ml	Inländer-Rum 38 %
	Saft und Schale von 1/2 Zitrone
15 g	Rosinen
	Butter zum Braten der Palatschinken

Zubereitung

1. Palatschinkenteig bereiten.
2. Weiche Butter mit Staubzucker und Eidotter schaumig schlagen.
3. Topfen mit geriebener Zitronenschale, Zitronensaft, Rum und Rosinen verrühren und unter die Buttermasse ziehen.
4. Eiklar mit Kristallzucker zu Schnee schlagen und unter die Butter-Topfen-Masse heben.
5. In einer Pfanne Butter erhitzen, den Palatschinkenteig dünn eingießen und bis zur gewünschten Bräunung backen, danach wenden.
6. Während die Palatschinke auf der zweiten Seite brät, ein Viertel der Topfenmasse auf die Palatschinke aufstreichen.
7. Die Palatschinke mit der Fülle einrollen, auf warmen Tellern anrichten und mit Staubzucker bestreuen.

Die Topfenfülle erwärmt sich in der Pfanne und wird dabei besonders cremig.

Butterkekse

Zutaten

500 g	glattes Mehl
1/2 Pk.	Backpulver
360 g	Butter
	Abrieb von 1/2 Zitrone
250 g	Staubzucker
1 Pk.	Vanillezucker
4	Eidotter
1–2 EL	Schlagobers

Zubereitung

1. Mehl, Backpulver und Butter in der Küchenmaschine kurz verkneten.
2. Alle Zutaten dazugeben und kurz zu einem Teig verarbeiten.
3. Den Teig nicht rasten lassen, sondern sofort etwas dicker ausrollen und Kekserl ausstechen.
4. Bei 180 °C 6–8 Minuten goldgelb backen.

„Brotlaibchen"

Zutaten

3	Eidotter
150 g	Staubzucker
1 TL	Zimt
3 EL	Rum
150 g	geriebene Schokolade
3	Eiklar
100 g	Staubzucker
250 g	geriebene Nüsse
3–4 EL	Mehl

Zubereitung

1. Die Eidotter, Staubzucker, Zimt und Rum schaumig rühren.
2. Eiklar mit Staubzucker zu Schnee schlagen.
3. Schokolade, Nüsse, Mehl und Schnee unterrühren.
4. Etwa eine halbe Stunde rasten lassen.
5. Kugeln formen, in Staubzucker drehen.
6. Bei 160 °C rund 20 Minuten backen.

Diese Rezepte stammen von meiner Schwiegermutter Elfi Maurer, einer leidenschaftlichen Köchin. Zum Aufbewahren geben Sie Ihre Kekse in luftdichte Behälter und legen sie eine nicht ganz in Alufolie eingewickelte Schwarzbrotscheibe bei, diese sorgt für die richtige Feuchtigkeit.

Schaumkrapferl

⏱ 30 Minuten ⏱ 45 Minuten | 

Zutaten

360 g Mehl
240 g Butter
60 g Staubzucker
4 Eidotter

Windmasse
4 Eiklar
280 g Zucker
8 g Vanillezucker
Himbeermarmelade oder Pariser Creme (→ S. 191) zum Verbinden

Zubereitung

1. Kalte Butter mit dem groben Reibeisen raspeln und mit dem Mehl in der Küchenmaschine kurz verkneten, danach Staubzucker und Eidotter einarbeiten.
2. Den Teig an einem kühlen Ort etwa eine halbe Stunde rasten lassen.
3. Teig ausrollen, 2 cm große Kreise ausstechen und auf ein Backblech mit Backpapier legen.
4. Für die Windmasse: Eiklar mit Zucker und Vanillezucker steif schlagen.
5. Die Windmasse am besten mit einem Spritzsack als kleine Gupferl auf die Mürbteigkreise aufbringen.
6. Im Backofen bei 170–180 °C backen, bis die Kekse anfangen, Farbe zu bekommen, das dauert etwa 10 Minuten.
7. Ein Krapferl nehmen und dessen Boden mit Himbeermarmelade oder Pariser Creme bestreichen, danach mit der Bodenseite eines weiteren Krapferls verbinden.

Vanillekekse

4 | ⏱ 30 Minuten  45 Minuten | 

Zutaten

200 g Butter
50 g Staubzucker
300 g glattes Mehl
1 Eidotter
8 g Vanillezucker
1 Msp. Backpulver

Zubereitung

1. Kalte Butter mit dem groben Reibeisen raspeln und mit dem Mehl in der Küchenmaschine kurz verkneten.
2. Die restlichen Zutaten dazugeben und kurz zu einem Teig verarbeiten.
3. Den Teig an einem kühlen Ort etwa eine halbe Stunde rasten lassen.
4. Teig ausrollen, Kekse ausstechen.
5. Bei 180 °C circa 10 Minuten goldgelb backen.

Nusskekse

45 Minuten 1 Stunde

Zutaten

300 g	glattes Mehl
300 g	Butter
1	Ei
150 g	Staubzucker
300 g	geriebene Nüsse
2 g	Backpulver
	Nussaufstrich oder Pariser Creme (➔ S. 191) zum Verbinden

Zubereitung

1. Kalte Butter mit einem Reibeisen grob raspeln und mit dem Mehl in der Küchenmaschine kurz verkneten.
2. Alle Zutaten rasch zu einem Teig verarbeiten.
3. Danach den Teig an einem kühlen Ort etwa 1 Stunde rasten lassen.
4. Teig ausrollen, Kekse ausstechen.
5. Im Backofen bei 180 °C etwa 10 Minuten goldgelb backen.
6. Den Boden eines Kekses mit Nutella oder Pariser Creme bestreichen, danach mit der Bodenseite eines weiteren Keks verbinden.
7. Mit Schokoladenglasur (➔ S. 190) verzieren.

Diese Kekse sind etwas heikel in der Herstellung, da hier sehr viel Butter verarbeitet wird. Für ein gutes Gelingen kühlen Sie alle Zutaten mindestens eine Stunde im Kühlschrank.

Vanillekipferl

Zutaten

250 g	glattes Mehl
220 g	Butter
100 g	Haselnüsse, gerieben
70 g	Staubzucker
	Vanillezucker zum Wälzen

Zubereitung

1. Mehl und Butter in der Küchenmaschine kurz verkneten.
2. Restliche Zutaten dazugeben und kurz zu einem Teig verarbeiten.
3. Kipferl formen und bei 200 °C etwa 6–8 Minuten hellgelb backen.
4. Die fertigen Kipferl noch warm in Vanillezucker wälzen.

Kokosbusserl

20 Minuten |

Zutaten

1	Eiklar
60 g	Zucker
50 g	Kokosflocken

Zubereitung

1. Eiklar mit Zucker steif schlagen.
2. Kokosflocken einrühren.
3. Mit einem Spritzsack Busserl auf ein Backblech dressieren.
4. Im Backofen bei 170 °C backen, bis die Kokosbusserl anfangen, Farbe zu bekommen, das dauert etwa 10 Minuten.

Grammelkekse

40 Minuten 1 Stunde | 

Zutaten

140 g	Grammeln
90 g	Staubzucker
210 g	glattes Mehl
60 ml	Schlagobers
1	Ei
1 Msp.	Gewürznelken, gemahlen
1 Prise	Zimt
1 Prise	Salz
	Abrieb von 1/2 Zitrone
	Ribisel- oder Himbeermarmelade

Zubereitung

1. Die Grammeln fein faschieren.
2. Alle Zutaten (bis auf die Marmelade) rasch zu einem Teig verarbeiten und anschließend etwa 1 Stunde im Kühlschrank rasten lassen.
3. Den Teig circa 3 mm dick ausrollen und mittels Keksausstecher Kekse ausstechen.
4. Im vorgeheizten Backrohr bei 180 °C etwa 8 Minuten backen.
5. Ein Keks nehmen und dessen Bodenseite mit Marmelade bestreichen, danach mit der Bodenseite eines weiteren Kekses verbinden.

Beachten Sie, dass der Teig (wie ein Mürbteig) sehr wärmeempfindlich ist und möglichst rasch verarbeitet werden soll.

Erdäpfelteig

Zutaten

350 g mehlige Erdäpfel
100 g griffiges Mehl
2 Eidotter
7 g Salz
Muskatnuss

Zubereitung

1. Die Erdäpfel waschen und in Salzwasser weichkochen.
2. Erdäpfel schälen, durch die Erdäpfelpresse drücken.
3. Auf einer kühlen Unterlage verteilen und etwas rasten und auskühlen lassen.
4. Die lauwarmen Erdäpfel mit den Zutaten schnell zu einem Teig verarbeiten.

Vorsicht: Den Teig keinesfalls zu lange kneten, sonst wird er zäh und zieht sich. Wenn der Teig zu feucht ist, kann man sich mit einer Handvoll Weizengrieß helfen. Wenn die Knödel aufzugehen drohen, sollte man sie vor dem Einkochen in Stärkemehl wälzen.

Der Teig kann vielseitig verwendet werden, zum Beispiel für jede Art von gefüllten Knödeln. Außerdem verwendet man ihn für gefüllte Erdäpfeltascherl wie etwa Powidltascherl, Topfentascherl, Kletzentascherl, aber auch für Steinpilztascherl oder Spinattascherl.

Süßer Erdäpfelteig

für Desserts

Zutaten

350 g mehlige Erdäpfel
25 g flüssige Butter
1 Eidotter
1 Prise Salz
10 g Staubzucker
3 g Vanillezucker
110 g griffiges Mehl

Zubereitung

1. Die Erdäpfel waschen und in Salzwasser weichkochen.
2. Erdäpfel schälen, durch die Erdäpfelpresse drücken.
3. Auf einer kühlen Unterlage verteilen und auskühlen lassen.
4. Alle Zutaten rasch zu einem Teig verarbeiten.

Nockerlteig

Zutaten

500 g	griffiges Mehl, Typ 480
1/4 l	Milch
4	Eier (Größe L)
15 g	Salz
	Muskatnuss

Zubereitung

1. Einen größeren Topf zu drei Viertel mit Salzwasser füllen und dieses aufkochen lassen.
2. In der Zwischenzeit Milch mit Eiern, Salz und Muskatnuss verschlagen.
3. Dann gemeinsam mit dem Mehl mit einem Kochlöffel oder Schneebesen mit festem Draht zu einer glatten Masse verarbeiten.
4. Den Teig mit einer Teigkarte durch ein Nockerlsieb in das kochende Wasser streichen.
5. Etwa 2 Minuten kochen lassen, abseihen und unter fließendem Wasser abspülen.

Wenn Sie die Nockerl nicht gleich verwenden, mischen Sie zu den ausgekühlten Nockerln einen guten Schuss Öl, das verhindert das Zusammenkleben.

Nudelteig

Zutaten

100 g	Mehl
1 Ei	(Größe L)
10 ml	Olivenöl
	Salz
	Muskatnuss

Zubereitung

1. Alle Zutaten zu einem festen Teig verarbeiten und mindestens 1 Stunde rasten lassen.
2. Am besten mit der Nudelmaschine, falls diese nicht vorhanden, mit dem Rollholz knapp 1 mm dick ausrollen.
3. In gewünschter Breite schneiden oder ausstechen.

Mehlnudeln wie diese in kochendem Salzwasser nur 1–2 Minuten überkochen, dann sind sie schon fertig.
Bei diesem Teig spielt das Gewicht des Eies eine große Rolle. Die Faustregel ist: ein Teil Ei, zwei Teile Mehl!

Germteig für Krapfen

4 | 15 Minuten 45 Minuten | ●●●

Zutaten

300 g	glattes Mehl
150 ml	Milch
20 g	Germ oder 7 g Trockengerm
15 g	Kristallzucker
6 g	Salz
50 g	Butter
2 cl	Inländer-Rum 38 %
1	Ei
	Abrieb von 1/2 Zitronen

Zubereitung

1. Etwa die Hälfte der Milch für das Dampferl leicht erwärmen. Den Germ in der lauwarmen Milch auflösen und mit etwas Mehl zu einem glatten Teig verrühren. Das Dampferl mit Mehl bestreuen und zugedeckt an einem warmen Ort etwa 15 Minuten gehen lassen.
2. Die Butter und den Rest der Milch lauwarm erwärmen.
3. Alle Zutaten und das Dampferl zu einem geschmeidigen Teig schlagen, bis dieser Blasen wirft.
4. Zugedeckt an einem warmen Ort 30 Minuten gehen lassen.

Blattlkrapfenteig

Zutaten

100 g	Roggenmehl
75 g	glattes Mehl
100 ml	Milch
25 g	Butter
5 g	Salz

Zubereitung

1. Milch mit Butter aufkochen.
2. Roggen-, Weizenmehl und Salz vermengen, die heiße Milch dazugeben und zu einem Teig verkneten.
3. Den Teig in Frischhaltefolie einpacken und 1 Stunde rasten lassen.

Mürbteig für Tortenboden

15 Minuten | 45 Minuten |

Zutaten

- 70 g Butter
- 30 g Staubzucker
- 4 g Vanillezucker
- Abrieb von 1/4 Zitrone
- 100 g glattes Mehl

Zubereitung

1. Weiche Butter mit gesiebtem Staubzucker und Vanillezucker schaumig schlagen.
2. Zitronenschale sowie das Mehl dazugeben und kurz verrühren.
3. Den Teig an einem kühlen Ort eine halbe Stunde rasten lassen.
4. Den Teig auf ein Backpapier setzen, mit Frischhaltefolie bedecken und mit einem Rollholz rund ausrollen. Den Tortenreifen als Ausstecher benützen, mit dem restlichen Teig die Lücken füllen.
5. Im Backofen bei 180 °C 15 Minuten backen.

Bier-Backteig

Zutaten

- 1/4 l Bier
- 3 Eier
- 200 g Mehl
- 5 g Salz

Zubereitung

1. Alle Zutaten zu einem glatten Teig verrühren.

Wein-Backteig

Zutaten

- 1/4 l Weißwein
- 3 Eier
- 200 g Mehl
- 5 g Salz

Zubereitung

1. Alle Zutaten zu einem glatten Teig verrühren.

Sehr gut für gebackene Apfelscheiben oder gebackene Hollerblüten.

Strudelteig

10 | 15 Minuten 2 Stunden | ●●●

Zutaten

320 g	glattes Mehl
8 g	Salz
20 ml	Öl
200 ml	warmes Wasser

Zubereitung

1. Alle Zutaten zu einem Teig kneten.
2. Anschließend den Teig auf eine ganz leicht bemehlte Arbeitsfläche geben und kneten, bis er glatt und seidig ist.
3. Teller mit Öl bepinseln, Strudelteig drauflegen, ebenfalls mit Öl bepinseln und mit Frischhaltefolie gut verschließen.
4. Den Strudelteig an einem warmen Ort (30 °C) 1–2 Stunden rasten lassen.
5. Ein Tuch mit Mehl gut einstauben, den Teig ebenfalls mit Mehl einstauben auf das Tuch legen, mit einem Nudelholz gleichmäßig ausrollen. Mit beiden Händen den Teig so dünn wie möglich ausziehen, danach die Teigränder wegschneiden.

Vor dem Ziehen ist es sehr wichtig, dass sich der Teig entspannt. Sie können zu diesem Zweck den Strudelteig auch am Vortag bereiten und diesen dann im Kühlschrank rasten lassen.

Variante Pizzateig: Fügen Sie dem Teig 21 g Germ oder 7 g Trockengerm zu.

Brandteig für Knödel

6 | 20 Minuten | ●●●

Zutaten

1/4 l	Wasser
60 g	Butter
3 g	Salz
220 g	glattes Mehl
1	Ei
1	Eidotter

Zubereitung

1. In einem Topf Wasser, Butter und Salz aufkochen.
2. Das Mehl dazugeben und mit einem Kochlöffel so lange rühren, bis sich der Teig vom Topf löst und sich ein weißer Belag am Geschirr bildet.
3. Den Topf von der Herdplatte ziehen. Ei und Eidotter verschlagen und langsam in den heißen Teig einrühren.

Blutwurstgewürz

30

Zutaten

23 g	Majoran
20 g	Piment, gemahlen
15 g	Pfeffer, weiß, gemahlen
7 g	Koriandersamen, gemahlen
8 g	Muskatnuss, gemahlen
3 g	Zimt, gemahlen
2 g	Gewürznelken, gemahlen
2 g	Kardamom

Breinwurstgewürz

30

Zutaten

16 g	Majoran
13 g	Piment, gemahlen
9 g	Senfmehl, gelb
7 g	Muskatnuss, gemahlen
7 g	Koriandersamen, gemahlen
6 g	Pfeffer, weiß, gemahlen
2 g	Gewürznelken, gemahlen

Bitte beachten Sie, dass eine elektronische Küchenwaage beim Abwiegen von geringen Mengen bis etwa 5 g ungenau arbeitet. Das ist wichtig für das Abwiegen von Gewürzen. Um einen genauen Wert zu erhalten, stellen Sie eine kleine Schüssel auf die Waage und addieren Sie das gewünschte Gewicht zum angezeigten Wert hinzu, ohne die Tara-Taste zu benützen.

Suppengewürz

8 | 30 Minuten

2 Stunden |

Zutaten

80 g	Karotten, geschält
80 g	Knollensellerie, geschält
80 g	Staudensellerie
100 g	Petersilienwurzel
100 g	Frühlingszwiebeln
50 g	Fenchel
40 g	frische Petersilie
40 g	frischer Liebstöckel
2	Lorbeerblätter
2 g	Muskatnuss
70 g	Salz
5 g	Zucker

Zubereitung

1. Das Gemüse grob raspeln, die Kräuter fein schneiden und mit den Gewürzen, Salz und Zucker mischen.
2. Ein Backblech mit Backpapier auslegen und die Gemüsemasse darauf verteilen.
3. Im Backrohr bei 50 °C etwa 5 Stunden mit Umluft trocknen. Dabei die Backofentür einen Spalt geöffnet halten, damit die Feuchtigkeit entweichen kann.
4. Das getrocknete Gemüse im Standmixer ganz fein pulverisieren.

Mehlbutter

Zutaten

50 g	Butter
50 g	glattes Mehl

Zubereitung

1. Weiche Butter mit dem Mehl verkneten.

Diese Mehlbutter können Sie als Bindemittel für jegliche Art von Soßen und Suppen verwenden. Sie kann auf Vorrat produziert werden und hält im Kühlschrank 3–4 Wochen.

Kräuterbutter

Zutaten

100 g	Butter
1	Knoblauchzehe
1	Eidotter
1 TL	Dijon-Senf
1 TL	Cognac
1 TL	Zitronensaft
30 g	verschiedene Kräuter (Petersilie, Dill, Kerbel, Thymian, Estragon, Basilikum)
	Salz
evtl.	Worcestersauce

Zubereitung

1. Knoblauch fein hacken und mit 20 g Butter hell anschwitzen.
2. Die Knoblauchbutter mit der restlichen Butter schaumig rühren.
3. Zuerst Eidotter und Dijon-Senf, danach Cognac, Zitronensaft, Worcestersauce, Salz und Pfeffer in die Butter einschlagen.
4. Die Kräuter fein hacken und in die Butter einrühren.
5. Mithilfe von Alufolie eine Rolle formen, fest zusammendrehen und im Kühlschrank lagern.

Basilikum-Pesto

6 | 15 Minuten |

Zutaten

60 ml	Olivenöl
20 g	frische Basilikumblätter
50 g	frischer Parmesan
50 g	Pistazien geschält, geröstet und gesalzen
50 g	Pinienkerne
1/2	Knoblauchzehe

Zubereitung

1. Basilikumblätter fein schneiden, Parmesan reiben, Knoblauch pressen oder hacken.
2. Olivenöl im Standmixer mit Basilikum und Knoblauch fein mixen.
3. Nach und nach die Pistazien, Pinienkerne und Parmesan dazugeben.

Gekühlt hält Pesto sehr lange. Es passt gut zu Mozzarella, Nudeln und Reisgerichten.

Schwarzbrot-Croutons

Zutaten

2	Scheiben Schwarzbrot
20 g	Butter
1 Prise	Salz

Zubereitung

1. Schwarzbrotscheiben entrinden und in 1 cm große Würfel schneiden.
2. Butter in einer Pfanne erhitzen, die Brotwürfel dazugeben, leicht salzen und etwas rösten.
3. Auf Küchenpapier abtropfen lassen.

Weißbrot-Croutons

Zutaten

3	Scheiben Toastbrot
20 g	Butter
1 Prise	Salz

Zubereitung

1. Toastbrot entrinden und in 1 cm große Würfel schneiden.
2. Butter in einer Pfanne erhitzen, die Brotwürfel dazugeben, leicht salzen und hellbraun rösten.
3. Auf Küchenpapier abtropfen lassen.

Geröstete Kürbiskerne

6 | 15 Minuten |

Zutaten

40 g Kürbiskerne
10 g Butter
1 Prise Salz

Zubereitung

1. Kürbiskerne mit wenig Butter und Salz rösten, bis sie aufspringen.
2. Auf Küchenpapier abtropfen lassen.

Sesamstangerl

Zutaten

100 g Blätterteig
1 Eidotter
30 g Sesam

Zubereitung

1. Blätterteig rechteckig auf eine Breite von 10 cm und eine Stärke von etwa 3 mm ausrollen.
2. Die Oberfläche mit Eidotter bestreichen und mit Sesam bestreuen.
3. Mit einem gewellten Teigschneider/Teigrad 1 cm breite und 10 cm lange Streifen schneiden.
4. Im Backrohr bei 180°C etwa 10 Minuten backen.

Gedünstete Weichseln

Zutaten

250 g Weichselkompott ohne Kerne mit Saft
50 g Kristallzucker
15 g Stärkemehl

Zubereitung

1. Weichselkompott mit Kristallzucker aufkochen.
2. Stärkemehl mit etwas kaltem Wasser glattrühren und die Weichseln damit binden.

Marillenröster

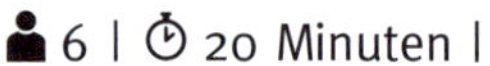 

Zutaten

500 g	Marillen
90 g	Kristallzucker
4 g	Vanillezucker
2 cl	Inländer-Rum 38 %
1	Zimtstange

Zubereitung

1. Marillen entsteinen und in Spalten schneiden.
2. Die Marillenspalten in einem Topf mit den übrigen Zutaten einmal aufkochen lassen.
3. Den Marillenröster von der Herdplatte nehmen und abkühlen lassen.

Die Zuckermenge variiert nach Reife der Marillen.

Zwetschkenröster

Zutaten

1 kg	Zwetschken
100 g	Zucker
4	Gewürznelken
8	Pfefferkörner
1	Zimtstange
80 ml	Wasser
2 cl	Schnaps (Sliwowitz oder Obstler)

Zubereitung

1. Zwetschken entsteinen und mit allen Zutaten bis auf den Schnaps etwa 20 Minuten leicht köcheln lassen.
2. Danach den Schnaps einrühren.

Beerenröster

Zutaten

250 g	gemischte Beeren
30 g	Kristallzucker
4 g	Stärkemehl
1 cl	Zitronensaft

Zubereitung

1. Die Hälfte der Beeren mit Kristallzucker aufkochen.
2. Das Stärkemehl mit kaltem Wasser verrühren und den Röster damit binden.
3. Zitronensaft und die restlichen Beeren dazugeben.

Beerenröster kann kalt oder warm serviert werden.

Schwarzbeerröster

Zutaten

200 g	Heidelbeeren
30 g	Kristallzucker
4 g	Stärkemehl
1 cl	Zitronensaft

Zubereitung

1. Die Hälfte der Heidelbeeren mit Kristallzucker aufkochen.
2. Das Stärkemehl mit kaltem Wasser verrühren und den Röster damit binden.
3. Zitronensaft und die restlichen Heidelbeeren dazugeben.

Heidelbeeren werden in Österreich auch als Schwarzbeeren bezeichnet.

Quittenröster

Zutaten

80 g	Zucker
1/4 l	Weißwein
3	Quitten
20 cl	Zitronensaft
2	Gewürznelken
2 cl	Schnaps (Quittenschnaps oder Obstler)

Zubereitung

1. Weißwein, Zucker, Nelken und Zitronensaft in einem Topf mischen.
2. Die Quitten schälen und mit Wasser abspülen.
3. Die geschälten Quitten halbieren, entkernen, in Spalten schneiden und sofort in die Weißwein-Zuckerlösung einlegen.
4. Das Quittenragout bissfest kochen, am Ende der Kochzeit den Schnaps dazugeben.
5. Danach die Quittenspalten abseihen und etwa 1/3 der Quitten mit dem Saft, aber ohne Nelken im Standmixer fein pürieren.
6. Das Quittenmus mit den Quittenspalten mischen und abschmecken.

Wenn die Quitten reif und von guter Qualität sind, ist das Schälen nicht zwingend notwendig. Es genügt, wenn man den bitteren Flaum auf der Schale mit einem Küchentuch gründlich abreibt.

Vogelbeermarmelade

8 Gläser | ⏱ 1 Stunde | 

Zutaten

1 kg Mährische Vogelbeeren
350 g Gelierzucker 3:1
1/8 l gehaltvoller Rotwein
1/2 Zimtstange
2 Gewürznelken

Zubereitung

1. Die gerebelten, gewaschenen Vogelbeeren mit dem Gelierzucker und den Gewürzen aufkochen.
2. Rotwein in einem Topf zum Kochen bringen, auf circa 2–4 cl reduzieren lassen und den Vogelbeeren zugeben (die konzentrierten gerbstoffhaltigen Tannine geben der Vogelbeermarmelade eine gute Struktur).
3. Wenn Sie wollen, können Sie die Marmelade für einen Fruchtaufstrich durch ein Sieb streichen oder direkt in Gläser füllen und sterilisieren.

Vogelbeermarmelade passt zu Wild, Gänsen, Enten, Wiener Schnitzel, zu reifen Weichkäsen, als Fülle in Palatschinken, aber auch als Zutat für Topfenstrudel oder Torten oder ganz einfach in ein Joghurt eingerührt zum Frühstück.

Die meisten Vogelbeerarten haben die bittere Parasorbinsäure, wenn man eine von diesen Beeren kostet, will man keine zweite. Für Vogelbeerschnaps ist diese bittere Säure aber unerlässlich, denn sie verleiht dem Brand seinen typischen Charakter. Für Marmeladen gibt es glücklicherweise die Züchtung *Sorbus aucuparia ‚Edulis'* (Mährische Vogelbeere), deren Beeren diese bittere Säure fehlt. Ihr intensives apfelartiges Aroma verzückt. Kosten Sie Beeren in ihrer Umgebung, wenn Sie eine mährische Art finden, bitten Sie den Bauern um ein oder zwei Kilo.

Himbeermark

Zutaten

100 g Himbeeren
70 g Staubzucker

Zubereitung

1. Himbeeren mit Staubzucker mit einem Stabmixer fein pürieren.
2. Das Himbeermark durch ein Sieb passieren.

Rhabarber-Hollersirup

2 Liter | 45 Minuten | 2 Tage |

Zutaten

1 l	Wasser
200 g	Hollerblüten
2	Zitronen
200 g	Rhabarber
800 g	Kristallzucker
200 ml	Zitronensaft
15 g	Zitronensäure

Der Rhabarber-Pressrückstand kann als Fülle für Palatschinken verwendet werden.

Zubereitung

1. Zitronen waschen, in Scheiben schneiden, mit den Hollerblüten in das Wasser einlegen und zwei Tage ziehen lassen.
2. Danach das Blütenwasser in einen Topf seihen (die Hollerblüten werden nicht mehr benötigt).
3. Rhabarber schälen und in 2 cm große Stücke schneiden.
4. Rhabarberstücke mit Hollerblütenwasser, Kristallzucker, Zitronensaft und Zitronensäure aufkochen und etwa 5 Minuten kochen lassen.
5. Den Rhabarber-Hollersirup durch ein Sieb passieren und die Rhabarberstücke dabei gut auspressen. In Flaschen füllen und gekühlt lagern.
6. Der Sirup wird im Verhältnis 1:8 mit Leitungs- oder Sodawasser gemischt.

Weihnachtspunsch

Zutaten

1,8 l	Wasser
1 l	Weißwein
1/2 l	Rotwein
1/4 l	Inländer-Rum 38 %
60 ml	Mandellikör
20 ml	Orangenlikör
1/8 l	Orangensaft
70 g	Honig
2	Zimtstangen
8	Gewürznelken
3 Beutel	Früchtetee
	Abrieb von 1/2 Orange
	Abrieb von 1/2 Zitrone
	Kristallzucker

Zubereitung

1. Alle Zutaten (bis auf den Zucker) zusammen aufkochen.
2. Danach eine Stunde ziehen lassen.
3. Durch ein Sieb seihen und mit Kristallzucker nach Belieben süßen.

Mandel-Orangensoße

6 | 15 Minuten

Zutaten

60 ml	Milch
60 ml	Schlagobers
10 g	Kristallzucker
8 g	Vanillezucker
1	Eidotter
7 g	Stärkemehl
2 cl	Mandellikör
2 cl	Orangenlikör
2 cl	Orangensaft

Zubereitung

1. Milch, Schlagobers, Kristallzucker, Vanillezucker, Eidotter und Stärkemehl gut verrühren.
2. Unter ständigem Rühren einmal aufkochen lassen.
3. Von der Herdplatte nehmen und mit Mandellikör, Orangenlikör und Orangensaft aromatisieren.
4. Abschmecken und durch ein feines Sieb passieren.

Schokoladenglasur

300 g | 25 Minuten

Zutaten

250 g	Dunkle Schokolade
50 g	Butterschmalz

Zubereitung

1. Schokolade am besten in einer Metallschüssel im Backrohr bei 60 °C schmelzen.
2. Erwärmtes Butterschmalz in die Schokolade einrühren.

Schokoladensoße

Zutaten

130 g	Dunkle Schokolade
130 ml	Schlagobers

Zubereitung

1. Schokolade in kleine Stücke brechen.
2. Schlagobers aufkochen, die Schokoladestücke dazugeben und bei milder Hitze unter ständigem Rühren schmelzen. Danach auskühlen lassen.

Schokoladensoße kann auf Vorrat produziert werden. Diese hält sich im Kühlschrank mehrere Wochen.

Vanillesoße

Zutaten

300 ml	Milch
1	Eidotter
7 g	Stärkemehl
45 g	Kristallzucker
5 g	Vanillezucker
1 Prise	Salz
etwas	Inländer-Rum 38 %

Zubereitung

1. Etwas kalte Milch mit Eidotter und Stärkemehl verrühren.
2. Die restliche Milch mit Kristallzucker, Vanillezucker und einer Prise Salz aufkochen.
3. Die Ei-Milch-Mischung einrühren und einmal aufkochen.
4. Mit etwas Rum aromatisieren.

Joghurtsoße

Zutaten

120 g	Joghurt
80	Sauerrahm
6 g	Kristallzucker
2 g	Vanillezucker
10 g	Honig
1 cl	Inländer-Rum 38 %
5 Tropfen	Zitronensaft
1 Prise	Zimt, gemahlen

Zubereitung

1. Alle Zutaten miteinander verrühren.

Pariser Creme

Zutaten

1/8 l	Schlagobers
125 g	Kuvertüre

Zubereitung

1. Schlagobers aufkochen.
2. Die zerkleinerte Kuvertüre darin auflösen und auskühlen lassen.
3. Vor dem vollkommenen Stocken die Creme mit einem Schneebesen schaumig schlagen.

Vorsicht, nicht überschlagen!

Selbst gebackenes Brot

„Und gib uns unser täglich Brot!"

Dieser Satz in einem unserer wichtigsten Gebete zeigt, dass Brot etwas ganz Besonderes ist und ein Grundelement unserer Ernährung. Umso schöner ist es, wenn selbst gebackenes Brot auf dem Tisch steht. Brot zu backen macht Spaß, und Brot wird jedes Mal anders, denn viele Faktoren spielen bei seinem Werden eine Rolle. Mehlqualität, Lufttemperatur und Feuchtigkeit, Jahreszeit, Gewürze und, wenn Sie mit Sauerteig arbeiten, dessen Qualität und Reife. Anschließend gebe ich Ihnen ein paar Tipps für das gute Gelingen Ihres Brotes.

- **Sauerteig**
  Sie können ihn beim Bäcker kaufen oder selbst machen. Er besteht zunächst nur aus Roggenmehl und Wasser. In den Tagen der Reifung bilden sich Milchsäurebakterien, welche den Teig säuern und dem Brot einen guten Geschmack verleihen. Hefesporen aus der Luft und solche, die schon im Mehl enthalten sind, vermehren sich im Sauerteig und bringen den Teig in Gärung. Dieser Vorgang wird „Spontangärung" genannt. Da es über 600 verschiedene Hefen gibt, ist auch jeder Sauerteig anders. Um das Aufgehen des Brotes sicherzustellen, ist in den Rezepten zusätzlich Germ angeführt, was aber streng genommen nicht unbedingt notwendig ist.

- **Mehlarten**
  Roggenmehl hat einen hohen Kleberanteil und macht ein festes, dichtes Brot. Vollkornmehle haben einen guten Geschmack, der Schalenanteil im Mehl macht aber das Brot trocken.

- **Öl im Teig:** macht saftig, zuviel davon aber den Teig schwer
- **Milch im Teig:** macht knusprig
- **Honig im Teig:** Ein wenig Honig im Teig gibt manchen Broten eine elegante Note. Man kann auch Ahornsirup oder eine Prise Zucker verwenden. Um eine schöne Kruste zu erhalten, wird Brot ohne Zugabe von Süßungsmitteln bei einer sehr hohen Anfangstemperatur angebacken, nach etwa 12 Minuten wird diese Temperatur in der Regel reduziert. Wenn Sie Süßungsmittel im Teig verarbeitet haben, karamellisiert der Zucker in der Kruste und könnte bei der hohen Anfangstemperatur leicht verbrennen. Um das zu verhindern, verkürzen Sie die Anbackzeit um etwa ein Drittel.

- **Den Teig kneten**
  Mit der Hand Brotteig zu kneten ist eine mühsame Arbeit. Das geht am besten mit einer Küchenmaschine oder mit dem Handmixer und dem Knethaken.

- **Der Backofen als Wärmeschrank**
  Brot soll an einem warmen Ort ohne Luftzug aufgehen. Dafür eignet sich das Backrohr sehr gut. Moderne Backöfen haben Automatikprogramme für Hefeteige, die funktionieren sehr gut. Wenn Sie kein solches Gerät besitzen, heizen Sie Ihr Backrohr mindestens eine halbe Stunde auf 50 °C Ober- und Unterhitze vor. Für die benötigte Feuchtigkeit im Garraum stellen Sie eine flache Schüssel oder Pfanne mit einem Finger hoch warmem Wasser auf den Boden des Backrohres.

- **Einschneiden des Teiges**
  Brot geht beim Backen auf. Ohne Einschneiden kann die obere Kruste vom Brot rundum abreißen und sich heben, was das spätere Aufschneiden erschwert. Wenn man vor dem Backen das Brot an der Oberfläche ein bis zweimal einschneidet, erzeugt man hier eine Sollbruchstelle. Nicht zu tief einschneiden, denn sonst läuft das Brot auseinander. Viel besser als ein Messer bewährt sich hierfür eine Küchenschere.

- **Ein saftiges Brot mit dicker Kruste**
  Wenn Sie ein besonders knuspriges Brot haben wollen, frieren Sie das Brot sofort nach dem Backen ein. Das gefrorene Brot geben Sie dann direkt aus dem Tiefkühler für 10 Minuten in das 220 °C heiße Backrohr.

Anleitung für Brotteigbereitung

1. Wenn Sie frischen Germ verwenden, diesen in warmem Wasser auflösen. Wenn Sie Trockengerm verwenden, ist dieser Schritt nicht notwendig.
2. Alle Zutaten gut zu einem Teig verkneten. Wenn Sie eine Küchenmaschine haben, bei niedriger Stufe etwa 10 Minuten kneten.
3. An einem warmen Ort oder im Backrohr 1 Stunde gehen lassen.
4. Den Teig noch einmal kurz durchkneten, auf einer bemehlten Arbeitsplatte zu einem Laib oder Strutzen formen.
5. Den Brotteig auf ein mit Backpapier belegtes Backblech legen und zugedeckt an einem warmen Ort oder im Backrohr noch einmal etwa 10 Minuten gehen lassen.
6. Den Teig aus dem Backrohr nehmen und an einem warmen Ort weitere 5 Minuten gehen lassen. In der Zwischenzeit das Wasser aus dem Backrohr nehmen und den Backofen auf 220 °C aufheizen.
   Das nun zur Hälfte aufgegangene Brot in die unterste Schiene des Backrohres einschieben und nach Rezeptangaben backen.

Sauerteig

300 g | 20 Minuten 4 Tage Säuerungszeit | 

Zutaten

200 g	Roggenmehl
120 ml	warmes Wasser

Zubereitung

1. 50 g Roggenmehl mit 40 ml Wasser zu einem glatten Teig verrühren. Mit weiteren 50 g Roggenmehl bestreuen und mit einem Tuch bedecken.
2. Bei Zimmertemperatur einen Tag stehen lassen.
3. Am nächsten Tag wieder 40 ml Wasser dem Teig hinzufügen und glatt verrühren. Wieder mit 50 g Roggenmehl bestreuen und mit einem Tuch bedeckt einen weiteren Tag stehen lassen.
4. Am dritten Tag sollte der Sauerteig schon anfangen zu gären und einen fein-säuerlichen Geruch verströmen. Dem Teig erneut 40 ml Wasser zufügen und den Teig glatt verrühren. Wieder mit 50 g Roggenmehl bestreuen und mit einem Tuch bedeckt einen weiteren Tag stehen lassen.
5. Verschlossen in einem Gefäß hält der Sauerteig im Kühlschrank etwa 10 Tage.

Sauerteig kann man einfrieren oder getrocknet länger haltbar machen. Wenn Sie den Sauerteig trocknen wollen, fügen Sie dem Teig so viel Mehl hinzu, dass dieser sich wie für Streuselkuchen abbröseln lässt. Verteilen Sie die Streusel auf einem mit Backpapier ausgelegten Backblech und lassen diese gut trocknen. Getrocknet hält Sauerteig bis zu einem Jahr.

Halbdunkles Mischbrot

1 kg | ⏱ 30 Minuten ⏱ 2 Stunden | ●●●

Zutaten

300 g glattes Mehl
130 g Dinkel-Vollkornmehl
230 g Roggenmehl
15 g Leinsamen
130 g Sauerteig
20 g frischer Germ oder 7 g Trockengerm
16 g Salz
10 g Brotgewürz
130 ml Sauer- oder Buttermilch
300 ml warmes Wasser

Zubereitung

1. Den Teig nach Brotteiganleitung bereiten (➔ S. 193).
2. 15 Minuten anbacken bei 220 °C.
   30 Minuten fertigbacken bei 180 °C.

Buttermilchbrot

1 kg | ⏱ 30 Minuten ⏱ 2 Stunden | ●●●

Zutaten

250 g Roggenmehl
250 g Weizenmehl
250 g Weizenvollkornmehl
100 g Sauerteig
20 g frischer Germ oder 7 g Trockengerm
20 ml gutes Öl (Oliven-, Distel-, Leindotter-, Walnussöl etc.)
500 ml Buttermilch

Zubereitung

1. Den Teig nach Brotteiganleitung bereiten (➔ S. 193).
2. 15 Minuten anbacken bei 220 °C.
   30 Minuten fertigbacken bei 180 °C.

Joghurtbrot

3/4 kg | ⏱ 30 Minuten ⏲ 125 Minuten | ●●●

Zutaten

250 g	Roggenmehl
300 g	Weizenmehl
100 g	Sauerteig
20 g	frischer Germ oder 7 g Trockengerm
10 g	Honig
20 ml	gutes Öl (Oliven-, Distel-, Leindotter-, Walnussöl etc)
250 g	Joghurt, zimmerwarm
120 ml	warmes Wasser

Zubereitung

1. Den Teig nach Brotteiganleitung bereiten (➜ S. 193).
2. 10 Minuten anbacken bei 210 °C.
   40 Minuten fertigbacken bei 160 °C.

Kürbiskernbrot

3/4 kg | ⏱ 30 Minuten ⏲ 115 Minuten | ●●●

Zutaten

200 g	Roggenmehl
200 g	Dinkelmehl
50 g	Dinkel-Vollkornmehl
100 g	Kürbiskerne
8 g	Salz
5 g	Brotgewürz
20 g	frischer Germ oder 7 g Trockengerm
10 ml	Walnussöl
10 ml	Kürbiskernöl
250 ml	warmes Wasser
5 g	Butter und Salz zum Rösten der Kürbiskerne
1	Eiklar

Zubereitung

1. 40 g Kürbiskerne in einer Pfanne mit ganz wenig Butter und einer Prise Salz rösten, bis die Kerne beginnen aufzuspringen.
2. Den Teig nach Brotteiganleitung (➜ S. 193) bereiten, dabei die gerösteten Kürbiskerne einarbeiten und gehen lassen.
3. Den Brotlaib mit so wenig zusätzlichem Mehl wie möglich formen. Die Oberseite des Laibes mit verschlagenem Eiklar bestreichen, mit den restlichen Kürbiskernen bestreuen und diese anpressen.
4. 10 Minuten anbacken bei 220 °C.
   30 Minuten fertigbacken bei 180 °C.

Sesambrot

3/4 kg | ⏱ 30 Minuten ⏱ 115 Minuten | ●●●

Zutaten

200 g	Roggenmehl
130 g	Dinkelmehl
70 g	Dinkel-Vollkornmehl
8 g	Salz
5 g	Brotgewürz
20 g	frischer Germ oder 7 g Trockengerm
100 g	Sauerteig
20 ml	Sesamöl
250 ml	warmes Wasser
100 g	Sesam
1	Eiklar

Zubereitung

1. Den Teig nach Brotteiganleitung bereiten (➜ S. 193).
2. Den Brotlaib mit so wenig zusätzlichem Mehl wie möglich formen. Die Oberseite des Laibes mit Eiklar einstreichen, mit Sesamkörnern bestreuen und diese anpressen.
3. 15 Minuten anbacken bei 220 °C. 30 Minuten fertigbacken bei 180 °C.

Vollkornbrot

1 kg | ⏱ 30 Minuten ⏱ 130 Minuten | ●●●

Zutaten

300 g	Roggenmehl
100 g	Dinkel-Vollkornmehl
100 g	Sauerteig
100 g	5-Korn-Flockenmischung
100 g	Sonnenblumenkerne
50 g	Leinsamen
7 g	Brotgewürz
10 g	Salz
20 g	frischer Germ oder 7 g Trockengerm
30 ml	Sonnenblumenöl
350 ml	Wasser

Zubereitung

1. Den Teig nach Brotteiganleitung bereiten (➜ S. 193).
2. Das Vollkornbrot ist etwas schwerer und soll deshalb mehr Zeit beim Gehen bekommen. Es wird sehr schön in einer Kastenform.
3. 15 Minuten anbacken bei 220 °C. 30 Minuten fertigbacken bei 180 °C.

Bierbrot

1 kg | 15 Minuten 1 Stunde | 

Zutaten

500 g	Roggenmehl
500 ml	Malzbier
10 g	Salz
5 g	Kümmel
14 g	Backpulver

Zubereitung

1. Alle Zutaten zu einem Teig verkneten.
2. Backpapier mit etwas Öl einfetten und eine größere Form damit auslegen (kann eine Kastenform, Kuchenform oder auch ein Topf sein).
3. Die Masse einfüllen und in das kalte Backrohr auf einen Rost (unterste Schiene) stellen.
4. Backofen auf 180 °C stellen und etwa 1 Stunde backen.

Sesam-Reisbrot

20 Minuten |

Zutaten

Reispapier
Eiklar
Sesam
Backfett

Zubereitung

1. Reispapier mit Eiklar bestreichen und mit Sesam bestreuen.
2. In einem Topf, welcher für die Reispapierstücke groß genug ist, etwa 2–3 Finger hoch Backfett erhitzen.
3. Das Reispapier mit der Sesamseite nach unten einlegen und rasch hellbraun backen. Danach auf Küchenpapier abtropfen lassen.

Milchbrot

3/4 kg | ⏱ 30 Minuten ⏱ 30 Minuten | 

Zutaten

500 g	glattes Mehl
250 ml	Milch
20 g	Germ oder 7 g Trockengerm
10 g	Salz
50 g	Zucker
50 g	Butter
	Milch zum Bestreichen

Zubereitung

1. Etwa die Hälfte der Milch für das Dampferl leicht erwärmen. Den Germ in der lauwarmen Milch auflösen und mit etwas Mehl zu einem glatten Teig verrühren. Das Dampferl mit Mehl bestreuen und zugedeckt an einem warmen Ort etwa 15 Minuten gehen lassen.
2. Die Butter und den Rest der Milch lauwarm erwärmen.
3. Alle Zutaten und das Dampferl zu einem geschmeidigen Teig schlagen, bis dieser Blasen wirft.
4. Zugedeckt an einem warmen Ort etwa 30 Minuten auf das Doppelte aufgehen lassen. Den Teig in drei Teile teilen, zu länglichen Strängen formen und zu einem Zopf flechten.
5. Den Zopf auf ein mit Backpapier ausgelegtes Backblech legen und zugedeckt noch einmal etwa 20 Minuten aufgehen lassen.
6. Mit Milch bestreichen und 30 Minuten bei 180 °C backen.

Die Gehzeit des Teiges kann je nach Temperatur um 5 bis 10 Minuten variieren.

Naturaufstrich

250 g | ⏱ 5 Minuten | ●●●

Zutaten

125 g	Gervais
125 g	Magertopfen
3 g	Salz

Zubereitung

1. Alle Zutaten kurz zusammenrühren.

Der Naturaufstrich eignet sich als Basis für Aufstriche aller Art.

Kräuteraufstrich

350 g | ⏱ 10 Minuten | ●●●

Zutaten

250 g	Gervais
50 g	Sauerrahm
4 g	Salz
50 g	gemischte gehackte Kräuter, frisch oder tiefgekühlt
1 g	Koriandersamen, gemahlen
1 Prise	Kümmel, gemahlen (etwas weniger als 1 g)
1 Prise	Schabzigerklee (wenn vorhanden)

Zubereitung

1. Sauerrahm mit den Kräutern und Gewürzen im Standmixer oder mit dem Stabmixer ganz fein pürieren. Die Soße sollte dabei richtig grün werden.
2. Die Kräutersoße mit dem Gervais kurz verrühren.

Wenn Sie Gervais zu lange rühren, wird dieser immer dünner. Erst nach stundenlangem Kühlen und Rasten wird er wieder streichfest.

Kürbiskernaufstrich

300 g | ⏱ 20 Minuten | ●●●

Zutaten

125 g Gervais
125 g Magertopfen
3 g Salz
20 ml Kürbiskernöl
60 g Kürbiskerne
5g Butter und Salz zum Rösten der Kürbiskerne

Zubereitung

1. Die Kürbiskerne in einer Pfanne mit ganz wenig Butter und einer Prise Salz rösten, bis die Kerne beginnen aufzuspringen. Danach auf Küchenpapier abtropfen und auskühlen lassen.
2. Mit dem Messer klein hacken.
3. Alle Zutaten kurz zusammenrühren.

Oliven-Mandelaufstrich

Zutaten

125 g Gervais
125 g Magertopfen
2 g Salz
10 ml gutes Olivenöl
10 ml Olivenlake
200 g grüne Oliven, mit Mandeln gefüllt

Zubereitung

1. Die Oliven in ein Sieb geben, gut abtropfen lassen und anschließend klein hacken.
2. Alle Zutaten kurz zusammenrühren.

Erdäpfel-Radi-Kas

350 g | 20 Minuten 45 Minuten |

Zutaten

1	weißer Rettich (etwa 300 g)
160 g	mehlige Erdäpfel
120 g	Sauerrahm
7 g	Salz
50 g	Schnittlauch
	Salz zum Kochen

Zubereitung

1. Erdäpfel in Salzwasser weichkochen.
2. In der Zwischenzeit den Rettich schälen und mit dem Reibeisen fein raspeln. Den geriebenen Rettich mit Salz vermischen und 20 Minuten ziehen lassen. Danach gut ausdrücken (hierfür eignet sich eine Erdäpfelpresse sehr gut).
3. Die weich gekochten Erdäpfel schälen und durch die Erdäpfelpresse drücken.
4. Rettich, Erdäpfel, Sauerrahm und fein geschnittenen Schnittlauch zusammenrühren und abschmecken.

Passt auch gut als Beilage zu Hoargneist Nidei (➔ S. 121) oder Lammbraten (➔ S. 80f).

Erdäpfel-Gurkenaufstrich

350 g | 

| 

Zutaten

1	Salatgurke (etwa 250 g)
160 g	mehlige Erdäpfel
120 g	Sauerrahm
7 g	Salz
1 g	Kümmel gemahlen
3	Dillstängel
	Salz zum Kochen

Zubereitung

1. Erdäpfel in Salzwasser weichkochen.
2. In der Zwischenzeit die Gurke waschen und mit dem Reibeisen grob raspeln. Die geriebene Gurke mit Salz und Kümmel würzen und 20 Minuten ziehen lassen. Danach die Gurke gut ausdrücken (hierfür eignet sich eine Erdäpfelpresse sehr gut).
3. Die weich gekochten Erdäpfel schälen und durch die Erdäpfelpresse drücken.
4. Gurken, Erdäpfel, Sauerrahm und fein gehackten Dill zusammenrühren und abschmecken.

Liptauer

400 g | ⏱ 30 Minuten | 

Zutaten

200 g	Topfen
40 g	Butter
2	Knoblauchzehen
50 g	Zwiebel
10 g	Dijon-Senf
50 g	Essiggurkerl
10 g	Essigkapern
5 g	Sardellenpaste
4 g	Salz
1 g	Kümmel, gemahlen
10 g	Paprikapulver, edelsüß
20 g	Petersilie
1 Prise	Pfeffer

Zubereitung

1. Knoblauch schälen, in feine Würfel schneiden oder pressen.
2. Essiggurkerl und Kapern in kleine Würfel schneiden. Petersilie fein hacken.
3. Butter in einer Pfanne erhitzen, gehackten Knoblauch dazugeben und ohne Farbe kurz anbraten.
4. Die Knoblauchbutter mit Topfen und den restlichen Zutaten verrühren und abschmecken.

Gorgonzolaaufstrich

250 g | ⏱ 15 Minuten |

Zutaten

100 g	Gorgonzola
100 g	weiche Butter
30 g	Gervais
1 Prise	Salz

Zubereitung

1. Weiche Butter schaumig rühren.
2. Den Gorgonzola fein passieren und mit dem Gervais in die Butter einrühren.
3. Nach Geschmack salzen.

Das Feine

Rezepte aus dem Restaurant Korso unter Reinhard Gerer

Bei Reinhard Gerer im Restaurant Korso in Wien gab es keine Rezepte, hier wurde nur mit Fingerspitzengefühl gekocht. Sein Gespür dafür, Aromen zusammenzufügen und zu einer abgerundeten lukullischen Komposition werden zu lassen, ist einzigartig. Nahezu jedes Gericht wurde frisch „à la minute" – also ab Bestellung – zubereitet. Ich hatte das Glück, in der Zeit 1999 bis 2001 als Chef-Saucier dabei zu sein, als sich Gerer die vierte Haube im Gault Millau erkochte.

Ein perfektes *mise en place* ist bei dieser Art zu kochen Grundvoraussetzung. Säfte und Fonds sowie beste Zutaten, edle Essige, Öle und Weine zum Kochen sind selbstverständlich, sonst wird's nichts. Ich weiß, dass nahezu kein privater Haushalt alle diese Voraussetzungen erfüllen kann, dennoch habe ich die Aufzeichnungen mit in mein Kochbuch übernommen, da bei diesen Gerichten die Philosophie des Geschmacks am besten herauszulesen ist. Vielleicht können sich die geneigte Leserin, der geneigte Leser hier einige Rosinen herauspicken. Die Rezepturen, welche ich niedergeschrieben habe, sind teilweise ohne Mengenangaben, es sind Richtlinien für die einzelnen Gerichte.

Hummer-Terrine

8 | 30 Minuten 2 Stunden | ●●●

Zutaten

300 g	Meeresfischfilets
1	Ei
50 ml	Schlagobers
	Salz
	Pfeffer
10 g	Tomatenmark
150 g	Hummerfleisch

Zubereitung

1. Fischstücke mit Salz, Pfeffer, Ei und Obers marinieren, 1 Stunde kaltstellen.
2. Die Masse in einem Universalzerkleinerer fein pürieren. Am Ende das Tomatenmark zugeben.
3. Die Farce in eine mit Frischhaltefolie ausgelegte Terrinenform füllen, das Hummerfleisch einlegen und alles gut mit der Folie verschließen.
4. Das Backrohr auf 120 °C vorheizen.
5. Ein Backofenblech zwei Finger hoch mit heißem Wasser füllen und in die unterste Schiene des Backrohres schieben.
6. Die Terrine im Wasserbad etwa 1 Stunde pochieren.

Marinierte Krebse auf Gurkensalat

Zutaten

20	Krebsschwänze, gegart und ausgelöst
1	Knoblauchzehe
1	Salatgurke
	Hesperiden-Essig
2 cl	Zitronensaft
1 EL	Sauerrahm
3 cl	Olivenöl
	Salz
	Pfeffer
	Dill

Zubereitung

1. Mit dem Gemüsehobel die Salatgurke in dünne Scheiben hobeln.
2. Eine Schüssel mit halbierter Knoblauchzehe ausreiben, darin die Gurkenscheiben mit Salz, Pfeffer, Hesperiden-Essig und Sauerrahm marinieren.
3. Die Krebsschwänze mit Salz, Pfeffer, Zitronensaft und Olivenöl marinieren und in einer Pfanne leicht erwärmen.
4. Gurkensalat auf Tellern mittig anrichten. Die Krebsenschwänze rundum verteilen und mit frisch gehacktem Dill garnieren.

Carpaccio vom Rindsfilet

⏱ 30 Minuten ⏱ 1,5 Stunden | 

Zutaten

Rindsfilet
Senfkörner
Pommery-Senf
Balsamico-Essig
Olivenöl
Salz
Pfeffer
Kristallzucker

Rucolasalat
Parmesan

Zubereitung

1. Das Rindsfilet sauber zuputzen, in Frischhaltefolie wickeln und im Tiefkühler auf etwa 0 °C herunterkühlen.
2. Für die Pommery-Senf-Marinade die Senfkörner in reichlich Wasser weichkochen, abseihen und unter fließendem kalten Wasser abspülen.
3. Mit einem Schneebesen Pommery-Senf mit etwas Balsamico-Essig, Salz und Pfeffer verrühren, unter starkem Schlagen Olivenöl einlaufen lassen, sodass eine gebundene Marinade entsteht, danach die gekochten Senfkörner einrühren.
4. Das nun halb gefrorene Rindsfilet mit einer Aufschnittmaschine in sehr dünne Scheiben schneiden und auf einen Teller auflegen.
5. Mit der Pommery-Senf-Marinade bestreichen.
6. Rucolasalat mit Balsamico-Essig, Olivenöl, Salz, Pfeffer und Zucker marinieren und mittig auf die Fleischscheiben setzen.
7. Mit gehobelten Parmesanspänen bestreuen.

Variante: Carpaccio vom Rindsfilet mit getrüffelter Eierspeise

Zutaten

10 g Butter
Salz
Pfeffer
5 ml Trüffelöl

Eierspeise aus 2 Eiern (→ S. 26)
Rucola
Balsamico-Dressing (→ S. 43)

Zubereitung

1. Carpaccio wie oben beschrieben zubereiten, aber den Parmesan weglassen.
2. Butter in einer Pfanne aufschäumen, darin eine Eierspeise laut Rezept bereiten. Mit Salz sowie Pfeffer würzen und einem kleinem Schuss Trüffelöl aromatisieren.
3. Rucolasalat mit dem Balsamico-Dressing mischen. Den Salat kreisrund wie ein Nest auf dem Carpaccio anrichten und die Eierspeise mittig in das Salatnest setzen.

Carpaccio vom Thunfisch

⏱ 30 Minuten | ●●●

Zutaten

frischer Thunfisch
Sojasoße
Weißwein-Essig
Traubenkernöl
Ingwer, fein geschnitten
Salz
Pfeffer

Zubereitung

1. Sojasoße, Weißwein-Essig, Traubenkernöl, Salz, Pfeffer und Ingwer zu einer Marinade verrühren.
2. Thunfisch sorgfältig von sämtlichen Sehnen und Häutchen befreien, mit einer Aufschnittmaschine in feine Scheiben schneiden, auf Tellern anrichten mit der Sojamarinade anrichten.

Das Carpaccio wurde 1950 in der berühmten „Harrys Bar" in Venedig vom charismatischen Besitzer Giuseppe Cipriani für die an Blutarmut leidende Contessa Amalia Nani Mocenigo erdacht. Laut Aussage ihres Arztes sollte sie viel rohes Fleisch zu sich nehmen und so kreierte Cipriani für sie dieses Gericht, bestehend aus hauchdünn geschnittenem rohem Rindsfilet, mariniert mit einem Zitronen-Olivenöldressing und gehobeltem Parmesan. Cipriani nannte sein neues Gericht „Carpaccio" nach dem venezianischen Renaissancemaler Vittore Carpaccio. Dessen Gemälde waren wegen ihrer kräftigen fleischroten Farbe berühmt, die er mit einem strahlenden Weiß in Kontrast setzte. So sind es die Farben Rot und Weiß, welche ein Carpaccio ausmachen.

Thunfisch mit Sojasprossen

⏱ 70 Minuten | ●●●

Zutaten

Thunfisch
Sojasoße
Butter
Tomaten
Zitrone
Essiggurke
Kapern
Ingwer
Petersilie
Olivenöl
Sojasprossen

Zubereitung

1. Thunfisch sorgfältig von sämtlichen Sehnen und Häutchen befreien, in 1 cm dicke Scheiben schneiden und mit Sojasoße etwa 1 Stunde marinieren.
2. In der Zwischenzeit die Haut der Tomaten kreuzweise einschneiden und diese in kochendem Wasser blanchieren, bis sich die Haut vom Tomatenfleisch löst, anschließend in Eiswasser abschrecken.
3. Die Haut der Tomaten abziehen, diese halbieren, das Kerngehäuse entfernen und das Tomatenfleisch in Würfel schneiden.
4. Mit einem Messer die Zitrone schälen und Filets aus der Zitrone schneiden.
5. Die Essiggurke in feine Streifen schneiden, ebenso den Ingwer, Kapern und Petersilie fein hacken.
6. Butter in einer Pfanne bräunen, die Tomatenwürfel zugeben, ebenso die Zitronenfilets, Essiggurkenstreifen, Kapern und Petersilie. Kurz durchkochen.
7. Eine Pfanne mit Olivenöl erhitzen und die Thunfischscheiben darin ganz kurz beidseitig braten.
8. Sojasprossen auf einem Teller in Form eines Salatkranzes anrichten, Thunfisch mittig setzen und mit der Soße überziehen.

Dieselbe Zubereitung ist auch mit Lachs möglich.

Beef Tatar

4 | 30 Minuten | ●●●

Zutaten

500 g Rindsfilet vom Lungenbratenkopf
100 g Schalotten
2 Essiggurkerl
1 EL Kapern
1 TL Paprikapulver, edelsüß
1 EL Ketchup
2 Eidotter
1 EL Dijon-Senf
30 ml Olivenöl
1 cl Cognac
10 g Petersilie
Salz
Pfeffer
Tabasco

Toast

Zubereitung

1. Rindsfilet peinlichst genau von Sehnen und Häutchen befreien und in feinste Würfel hacken.
2. Schalotten, Essiggurkerl und Kapern feinwürfelig schneiden, Petersilie hacken.
3. Alle Zutaten miteinander vermischen und würzig scharf abschmecken.

Dazu passt am besten Toast.

Lachs-Tatar

2 | 30 Minuten | ●●●

Zutaten

100 g Lachsfilet ohne Haut und Gräten
Salz
Pfeffer
Olivenöl
frisches Basilikum

Toast

Zubereitung

1. Lachsfilet in kleine Würfel schneiden.
2. Mit Salz, Pfeffer, Olivenöl und in Streifen geschnittenem Basilikum marinieren.
3. Auf warmen Toastscheiben anrichten.

Thunfisch-Tatar

⏱ 45 Minuten | ●●●

Zutaten

Thunfisch
Salz
Pfeffer
Kapern
Zitronensaft
Olivenöl
Pommery-Senf
Dijon-Senf
Mayonnaise
Schnittlauch

Toast

Zubereitung

1. Thunfisch sorgfältig von sämtlichen Sehnen und Häutchen befreien und in feine Würfel schneiden. Kapern hacken und Schnittlauch fein schneiden.
2. Für die Soße etwas Dijon-Senf, Zitronensaft, Salz und Pfeffer mit etwas Mayonnaise verrühren.
3. Die Thunfischwürfel mit Salz, Pfeffer, Zitronensaft, Kapern, Olivenöl, Pommery- und Dijon-Senf marinieren. Kurz vor dem Anrichten Schnittlauch untermengen.
4. Thunfisch-Tatar auf warmen Toastscheiben anrichten und mit der Soße überziehen.

Butterfisch-Tatar

Zutaten

300 g Butterfisch
1 Zitrone
Dijon-Senf
Pommery-Senf
Olivenöl
Kapern
Salz
Pfeffer

1/2 Zwiebel
1 kleiner roter Paprika
1 Knoblauchzehe
Ingwer
30 g Butter
Sojasoße

Zubereitung

1. Für das Butterfisch-Tatar den Butterfisch in kleine Würfel schneiden. Mit Zitronensaft, Dijon-Senf, Salz, Pfeffer, Olivenöl und klein gehackten Kapern marinieren.
2. Für das asiatische Gemüse Zwiebel, Paprika, Ingwer und Knoblauch in feine Streifen schneiden und in Butter anschwitzen. Mit Sojasoße ablöschen und abschmecken.
3. Auf einem Teller einen Streifen Butterfisch-Tatar und einen Streifen Gemüseragout anrichten.

Kalbskopfsalat

⏱ 20 Minuten | ●●●

Zutaten

Kalbskopf, gerollt
(→ S. 91)

Vogerlsalat
Balsamico-Essig
Kürbiskernöl
Salz
Pfeffer

Zubereitung

1. Den Kalbskopf entweder vom Metzger oder selbst gemacht mit einer Aufschnittmaschine in dünne Scheiben schneiden.
2. Mit Balsamico-Essig, Kürbiskernöl, Salz und Pfeffer marinieren.
3. Vogerlsalat untermischen, anrichten und mit gerösteten Schwarzbrotwürfeln garnieren.

Asiatischer Glasnudelsalat

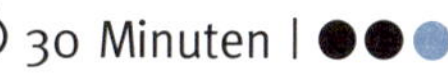

Zutaten

Glasnudeln
Karotte
Knollensellerie
Lauch
Shiitakepilze
Traubenkernöl
Ingwer
Sojasoße

Zubereitung

1. Glasnudeln in einem Topf etwa 5 Minuten in kaltem Wasser einweichen.
2. Karotte, Knollensellerie und Lauch in feine Streifen schneiden, ebenso den Ingwer.
3. Die Glasnudeln im Einweichwasser einmal aufkochen lassen, danach abseihen, kalt abspülen und auf eine Länge von etwa 5 cm schneiden.
4. Shiitakepilze in kleine Spalten schneiden und in Traubenkernöl mit Ingwer anschwitzen.
5. Die Gemüsestreifen dazugeben und mit Sojasoße ablöschen.
6. Die Glasnudeln mit dem Gemüse-Pilzragout marinieren und abschmecken.

Sautierte Steinpilze

⏱ 1 Stunde | ●●●

mit getrüffelten Butternockerln

Zutaten

Steinpilze
Butter
Olivenöl
Weißwein
Kalbsfond (→ S. 232)
Salz
Pfeffer

getrüffelte Butternockerl
(→ S. 229)

Zubereitung

1. Getrüffelte Butternockerl laut Rezept bereiten.
2. Die Steinpilze putzen und blättrig schneiden.
3. Butter und Olivenöl in einer Pfanne erhitzen, die Steinpilze dazugeben und anschwitzen.
4. Mit Salz und Pfeffer würzen, mit einem Schuss Weißwein und etwas Kalbsfond ablöschen und reduzieren.
5. Kleine kalte Butterstücke nach und nach in die kochende Soße einarbeiten.
6. Abschmecken und mit den getrüffelten Butternockerln servieren.

Kaviarnudeln

⏱ 20 Minuten | 

Zutaten

200 g	Nudelteig (→ S. 178)
100 ml	Kalbsfond (→ S. 232)
1/2	Zitrone
20 g	Butter
40 g	Sauerrahm
40 g	Kaviar

Wer keinen Zestenreißer besitzt, schält die dünne oberste gelbe Haut der Zitrone ab und diese dann in feine Streifen.

Zubereitung

1. Nudelteig laut Rezept bereiten. Den Teig mit einer Nudelmaschine dünn ausrollen und mit dem Bandnudelaufsatz schneiden. In Salzwasser einmal überkochen, in ein Sieb leeren und kurz abschrecken.
2. Zitronenschale mit einem Zestenreißer abschaben.
3. Kalbsfond mit Zesten auf die Hälfte einkochen.
4. Die Zitrone auspressen und den Saft zum Kalbsfond geben.
5. Kalte Butter in kleine Würfel schneiden und nach und nach mit einem Schneebesen unter ständigem Schlagen in den kochenden Kalbsfond einarbeiten.
6. Sauerrahm glattrühren und die Soße damit binden.
7. Die Nudeln kochen, abseihen und kurz in der Soße schwenken.
8. Mit einem Löffel Kaviar anrichten.

Parmesannudeln

4 | 30 Minuten 30 Minuten | ●●●

Zutaten

100 g	Nudelteig (→ S. 178)
1	Ei
50 g	Parmesan
100 ml	Gemüsefond
20 g	Butter
	Salz
	Pfeffer
50 ml	Schlagobers, geschlagen
	Parmesan zum Bestreuen

Zubereitung

1. Nudelteig laut Rezept herstellen.
2. Nudelteig ausrollen und große Dreiecke (Kantenlänge von etwa 8 cm) ausschneiden.
3. Die Teigflecke zart mit verschlagenem Ei bestreichen (nicht zu viel, sonst werden die Nudeln hart).
4. Parmesan reiben und die Teigflecke damit bestreuen, danach einrollen.
5. Die Parmesannudeln in kochendem Salzwasser etwa 2 Minuten kochen.
6. Die heißen Nudeln abseihen und in eine Pfanne geben, mit etwas Gemüsesuppe untergießen und aufkochen.
7. Kalte Butter in kleine Würfel schneiden und nach und nach in die kochenden Nudeln einarbeiten und zu einer cremigen Soße einkochen.
8. Kurz vor dem Anrichten mit Salz und Pfeffer würzen und das geschlagene Obers unterziehen.
9. Anrichten und mit fein gehobeltem Parmesan bestreuen.

Getrüffelte Erdäpfelsuppe

4 | 40 Minuten |

Zutaten

20 g	Butter
50 g	Zwiebel
400 g	Erdäpfel
750 ml	Wasser
10 g	Suppengewürz
	Salz
1 cl	Trüffelöl

Zubereitung

1 Zwiebel klein schneiden und in Butter ohne Farbe anschwitzen.
2. Die Erdäpfel schälen, grobblättrig schneiden und dazugeben.
3. Mit Wasser aufgießen und weichkochen.
4. Die Suppe fein pürieren, mit Salz und Suppengewürz verfeinern und mit Trüffelöl aromatisieren.
5. Die Suppe durch ein Sieb passieren und abschmecken.

Zucchinicremesuppe

mit gebratenem Zander

Zutaten

1	Zucchini
50 g	Zwiebel
1	roter Paprika
20 ml	Olivenöl
750 ml	Gemüsefond
10 g	Suppengewürz
	Salz
	Pfeffer
120 ml	Schlagobers

Einlage

80 g	Zanderfilet
	Salz
	Dijon-Senf
	Semmelbrösel
	Mehl
	Olivenöl zum Braten

Zubereitung

1. Zucchini, Zwiebel und Paprika in grobe Würfel schneiden und in etwas Olivenöl anschwitzen.
2. Mit Gemüsefond aufgießen und mit Salz, Pfeffer und Suppengewürz verfeinern. Das Gemüse weichkochen und die Suppe anschließend fein pürieren, abschmecken und durch ein Sieb passieren.
3. Das Zanderfilet in vier gleich große Teile schneiden, mit Salz würzen und eine Seite mit Dijon-Senf einstreichen. Auf den Senf Semmelbrösel und Mehl streuen und etwas anpressen.
4. Mit der Bröselseite nach unten in Olivenöl knusprig braun braten. Die Fischstücke umdrehen, fertigbraten und schließlich auf Küchenpapier abtropfen lassen.
5. Die Suppe mit Schlagobers noch einmal aufkochen, schaumig mixen, mit den Fischstücken anrichten und mit ein paar Tropfen Olivenöl beträufeln.

Grünkern-Suppe

30 Minuten 12 Stunden | ●●●

Zutaten

Grünkern
Zwiebel
Butter
Gemüsesuppe
Salz
Pfeffer
Suppengewürz

Zubereitung

1. Grünkern über Nacht in reichlich Wasser einweichen.
2. Zwiebel fein schneiden und in Butter anschwitzen.
3. Grünkern abseihen und dazugeben, mit Gemüsesuppe aufgießen und weichkochen.
4. Die Suppe mit dem Mixstab pürieren und mit Salz, Pfeffer und etwas Suppengewürz abschmecken.

Grünkern ist halbreif geernteter Dinkel, der kurz nach der Ernte künstlich getrocknet (gedarrt) wird.

Kresseschaumsuppe

25 Minuten | ●●●

Zutaten

Kresse
Zwiebel
Butter
Schlagobers
Rindssuppe
Salz

Einlage
Zanderfilet, geschnitten (oder andere Fische nach Wahl)

Zubereitung

1. Zwiebel fein schneiden und in Butter hell anschwitzen.
2. Kresse kurz in kochendem Wasser blanchieren.
3. Dann zu den Zwiebeln geben und mit wenig Rindssuppe und Schlagobers aufgießen.
4. Im Standmixer die Suppe fein mixen und abschmecken.
5. Die Suppe mit den Fischstücken noch einmal aufkochen.
6. Die Fischstücke herausnehmen, in einem Suppenteller anrichten, die Kressesuppe noch einmal aufschäumen und eingießen.

Gebratenes Forellenfilet

im Salatkranz mit Kräutersenfbutter

Zutaten

2	Forellenfilets
	Salz
	Semmelbrösel
1 EL	Olivenöl
1 EL	flüssige Butter
1 Zweig	Thymian

Salatkranz

	Salat nach Saison
	Salz
	Pfeffer
	Zucker
	Balsamicoessig
	Olivenöl

Kräutersenfbutter

	Saft 1/2 Zitrone
1 Schuss	Weißwein
1/2 TL	Dijon-Senf
	Salz
	Suppengewürz
	Petersilie
	Estragonblätter
	Liebstöckel
	Thymian
	Schnittlauch
25 g	Butter

Zubereitung

1. Salat waschen, gut abtropfen lassen und klein schneiden, die Kräuter ebenfalls fein schneiden. Das Backrohr auf 200 °C vorheizen.
2. Die Forellenfilets beidseitig leicht salzen, auf die Hautseite Semmelbrösel streuen und in einer beschichteten Pfanne in Olivenöl mit einem Zweig Thymian einseitig knusprig braun braten.
3. Einen Teller mit etwas flüssiger Butter bestreichen und die Forellenfilets mit der noch rohen Seite darauf legen.

Salatkranz

4. Jetzt den Salat in einer Schüssel salzen, pfeffern und süßen (je nach Salatart), dann mit Balsamico und Olivenöl marinieren.
5. Den Salat kranzförmig auf den Tellern anrichten.

Kräutersenfbutter

6. In eine Pfanne Zitronensaft, einen Schuss Weißwein, wenig Salz und Suppengewürz sowie den Senf geben und auf den Herd stellen.
7. Jetzt die Forellenfilets zum Fertigbraten 2–3 Minuten in das Backrohr (oberste Schiene) stellen.
8. Währenddessen in die kräftig kochende Flüssigkeit die kalte, kleingeschnittene Butter mittels Schneebesen einarbeiten (die Butter emulgiert mit der Flüssigkeit und bindet), die Kräuter zugeben und abschmecken.
9. Die fertigen Forellenfilets in den Salatkranz legen und mit der Kräutersenfbutter begießen.

Dieses Gericht ist als Vorspeise gedacht, kann aber mit 2 Fischfilets pro Person auch als Hauptspeise bereitet werden. Natürlich können Sie auch andere Fischfilets verwenden wie etwa von Saibling, Reinanke, Lachsforelle oder Zander.

Gebratene Seezunge

mit Tomaten-Kapern-Butter

Zutaten

2	Seezungen
2	Tomaten
1 EL	Kapern
	Salz
	Pfeffer
	Semmelbrösel
	Mehl
	Öl
	Butter
	Pommery-Senf
	Knoblauchzehe
	Weißwein
1 cl	Zitronensaft
1 EL	Kalbsglace (→ S. 233)
	Suppengewürz
	Butter
	Petersilie
	Blattspinat (→ S. 134)
	Petersilerdäpfel (→ S. 139)

Zubereitung

1. Die Haut der Tomaten mit einem scharfen Messer kreuzweise einschneiden und den Strunkansatz entfernen. In kochendem Wasser etwa 20 Sekunden blanchieren und anschließend sofort in kaltem Wasser abschrecken. Die Haut abziehen, die Tomaten halbieren und das Kerngehäuse entfernen. Das Tomatenfleisch würfelig schneiden.
2. Die Haut am Schwanz der Seezunge mit einem scharfen Messer einritzen und nach vorne schaben, bis man sie greifen kann. Nun mit den Fingern nehmen und nach vorne Richtung Kopf abziehen. Die Prozedur auf der anderen Seite wiederholen.
3. Den Kopf und die Flossen abtrennen (am besten mit einer Küchenschere), danach die Bauchseite öffnen, die Innereien entfernen und den Bauchraum unter fließendem Wasser gut ausspülen.
4. Die Seezunge nun mit Salz und Pfeffer würzen, danach in Semmelbröseln und Mehl wälzen.
5. In einer Pfanne mit heißem Öl beidseitig knusprig braun braten. Auf einen warmen gebutterten Teller legen.
6. Das Öl weggießen. In die Pfanne etwas Butter, Pommery-Senf, Tomatenwürfel, Kapern und einen Tropfen Knoblauch (hierfür die Knoblauchzehe in eine Knoblauchpresse geben und leicht anpressen) beifügen und anschwitzen.
7. Mit einem kleinen Schuss Weißwein ablöschen. Zitronensaft und einen EL Kalbsglace dazugeben und mit einer Prise Suppengewürz verfeinern.
8. Die Soße aufkochen. Die Butter in kleine Würfel schneiden und nach und nach unter ständigem Rühren in die Soße einarbeiten, danach die frisch gehackte Petersilie hinzufügen und abschmecken.
9. Jetzt die gebratene Seezunge dazugeben, aufkochen, einmal wenden und mit Blattspinat und Petersilerdäpfel anrichten.

Gebratener Steinbutt

⏱ 45 Minuten | ●●●

auf Steinpilzragout

Zutaten

Steinbutt
Steinpilze
Olivenöl
Salz
Pfeffer
Petersilie
Dijon-Senf
Semmelbrösel
Mehl

Zubereitung

1. Die Steinpilze putzen und blättrig schneiden, anschließend in Olivenöl anrösten, mit Salz, Pfeffer und gehackter Petersilie würzen.
2. Die Steinbuttfilets von der Karkasse lösen und enthäuten.
3. Die Innenseite der Steinbuttfilets dünn mit Dijon-Senf einstreichen, mit gehackter Petersilie, Semmelbröseln und Mehl bestreuen. Leicht andrücken.
4. Olivenöl in einer Pfanne erhitzen. Die Steinbuttfilets mit der Bröselseite nach unten einlegen und goldbraun braten, kurz wenden und fertigbraten.
5. Den Steinbutt auf Steinpilzragout anrichten.

Knuspriger Zander

2 | 75 Minuten | ●●●

in der Kümmelkruste mit Bier-Sabayon

Zutaten

Majoranzwiebel

1	Zwiebel
	Öl
2 EL	Kalbsglace (→ S. 233)
	Majoran
	Suppengewürz

Safranfond

wenig	Safran
2 cl	Wasser
1	Knoblauchzehe
1	kleines Lorbeerblatt

Zanderfilets

2	Zanderfilets, je 160 g
	Kümmel, im Ganzen
	Petersilie
	Dijon-Senf
	Semmelbrösel
	Mehl

Bier-Sabayon

1	Eidotter
2 cl	Malzbier
	Salz
	Pfeffer
	Suppengewürz

Beilage

Erdäpfelpüree (→ S. 140), mit Thymian aromatisiert

Zubereitung

Majoranzwiebel

1. Zwiebel in Streifen schneiden und in Öl langsam hellbraun schwitzen.
2. Mit Kalbsglace und etwas Wasser ablöschen und mit Majoran und Suppengewürz verfeinern.
3. Die Soße einkochen, bis ein cremiges Zwiebelragout entsteht, und abschmecken.

Safranfond

4. Wasser mit Safran, einem Viertel der Knoblauchzehe und dem Lorbeerblatt aufkochen lassen und danach abseihen. Den Fond aufheben.

Zander

5. Kümmel in Wasser mit der restlichen Knoblauchzehe vom Safranfond aufkochen, 5 Minuten ziehen lassen und danach abseihen.
6. Die Haut von den Zanderfilets abziehen und mit Salz würzen.
7. Die Innenseite der Filets mit Dijon-Senf dünn einstreichen, mit gehackter Petersilie, gekochtem Kümmel, Semmelbröseln und Mehl bestreuen. Leicht andrucken.
8. Öl in einer Pfanne erhitzen. Die Zanderfilets mit der Kümmel-Bröselseite nach unten einlegen und knusprig braun braten. Die Filets wenden und kurz auf der anderen Seite braten. Danach die Filets auf einem heißen Teller anrichten und warm stellen.

Bier-Sabayon

9. Eidotter mit Safranfond und Bier über Dampf cremig warm aufschlagen.
10. Den Bierschaum mit Salz, Pfeffer und Suppengewürz leicht aromatisieren.
11. Zanderfilets mit Erdäpfel-Thymianpüree anrichten und mit dem Bierschaum garnieren.

Pot-au-feu

2 | 75 Minuten | ●●●

Fischeintopf

Zutaten

1	Seezunge
250 g	Lachsfilet
30 g	Karotte
30 g	Knollensellerie
30 g	Lauch
30 g	Zuckererbsenschoten
4	Stangen grüner Spargel
1	Tomate
2 cl	Weißwein
2 g	Estragonblätter
120 ml	Schlagobers
	Salz
	Suppengewürz
5 g	glattes Mehl
	Petersilerdäpfel (➔ S. 139)

Zubereitung

1. Die Haut am Schwanz der Seezunge mit einem scharfen Messer einritzen und nach vorne schaben, bis man sie greifen kann. Nun die Haut mit den Fingern nehmen und nach vorne Richtung Kopf abziehen. Die Prozedur auf der anderen Seite wiederholen.
2. Den Kopf und die Flossen abtrennen (am besten mit einer Küchenschere), danach die Bauchseite öffnen, die Innereien entfernen und den Bauchraum unter fließendem Wasser gut ausspülen. Danach die Filets von der Karkasse lösen.
3. Lachs enthäuten und in 4 Stücke (je 50 g) schneiden.
4. Das Wurzelgemüse schälen und in feine Streifen schneiden.
5. Die Haut der Tomaten mit einem scharfen Messer kreuzweise einschneiden und den Strunkansatz entfernen. In kochendem Wasser etwa 20 Sekunden blanchieren und anschließend sofort in kaltem Wasser abschrecken. Die Haut abziehen, die Tomaten halbieren und das Kerngehäuse entfernen. Das Tomatenfleisch würfelig schneiden.
6. Weißwein mit fein geschnittenen Estragonblättern auf die Hälfte einkochen, Obers dazugeben, aufkochen und mit Salz sowie etwas Suppengewürz verfeinern. Die Soße mit Mehl stauben und mit einem Stabmixer aufmixen. Noch einmal aufkochen und abschmecken.
7. Die Gemüsestreifen und Tomatenwürfel dazugeben und aufkochen, danach die Spargelspitzen und Erbsenschoten dazugeben.
8. Fischstücke leicht salzen, in die Soße geben und leicht kochend durchziehen lassen, dabei einmal wenden.
9. Das Pot-au-feu mit Petersilerdäpfeln anrichten.

Gebratenes Perlhuhnbrüstchen 

mit Périgord-Trüffel

Zutaten

2 Perlhuhnbrüstchen
Salz
Pfeffer
Butter
Olivenöl
Rosmarinzweig
Schwarzer Périgord-Trüffel

Blattspinat (→ S. 134)
Trüffelsoße (→ S. 237)
Erdäpfelpüree (→ S. 140)

Zubereitung

1. Backrohr auf 200 °C vorheizen.
2. Die Perlhuhnbrüstchen mit Salz und Pfeffer würzen.
3. Eine Pfanne mit Butter, Olivenöl und Rosmarinzweig erhitzen, die Hühnerbrüstchen mit der Hautseite nach unten in die Pfanne einlegen und kurz anbraten.
4. Danach die Pfanne in das Backrohr stellen und die Perlhuhnbrüstchen ohne Umdrehen rosa braten.
5. Vor dem Anrichten die Haut der Brüstchen abziehen, das Fleisch aufschneiden, anrichten und mit fein gehobeltem Périgord-Trüffel garnieren.
   Als Beilagen passen Blattspinat, Trüffelsoße und Erdäpfelpüree.

Lammkotelette

2 | 1 Stunde | ●●●

mit Rosmarin-Thymian-Kruste

Zutaten

6	Lammkoteletts je 40 g
	Salz
	Pfeffer
3 cl	Olivenöl
2	Knoblauchzehen
2	Rosmarinzweige
1 g	Thymian
20 g	Semmelbrösel

Zubereitung

1. Für die Rosmarin-Thymian-Kruste eine Knoblauchzehe und einen gerebelten Rosmarinzweig fein hacken.
2. In einer Pfanne Olivenöl erhitzen. Gehackten Rosmarin, Thymian und Knoblauch hinzufügen und einmal kurz aufschäumen lassen. Die Semmelbrösel dazurühren und die Pfanne sofort von der Herdplatte ziehen.
3. Backofen auf 250 °C (nur Oberhitze) einstellen und ein Gitter in die oberste Schiene einschieben.
4. Die Lammkoteletts mit dem Fleischklopfer leicht klopfen und mit Salz und Pfeffer würzen.
5. Olivenöl mit einer halbierten Knoblauchzehe und einem Rosmarinzweig in einer Pfanne erhitzen, die Lammkoteletts einlegen und rosa braten.
6. Die Koteletts auf ein Backblech legen. Nun mit einem Löffel die Rosmarin-Thymian-Kruste darauf verteilen und im Backofen braun überbacken.

Als Beilage empfehlen sich Zucchini, Paprika, Bohnen oder Ratatouille (→ S. 137) sowie sämtliche Erdäpfel-Beilagen, Polenta (→ S. 142) und andere.

Wurzelrahmrostbraten

4 | 1 Stunde | ●●●

Zutaten

4	Rostbraten zu je 150 g
	Salz
	Pfeffer
	Dijon-Senf
50 g	Butter
1	Zwiebel
50 g	Karotten
50 g	gelbe Rüben
50 g	Knollensellerie
20 g	Kapern
1/8 l	Rotwein
40 ml	Kalbsglace (→ S. 233)
40 g	Sauerrahm
	Suppengewürz
	Petersilie
	Kren-Butternockerl (→ S. 229)

Zubereitung

1. Die Rostbratenstücke leicht mit dem Fleischklopfer bearbeiten.
2. Zwiebel klein schneiden, das Gemüse mit dem Reibeisen grob raspeln.
3. Die Fleischstücke mit Salz und Pfeffer würzen, auf einer Seite dünn mit Dijon-Senf einstreichen.
4. Butter in einer Pfanne aufschäumen und die Rostbratenstücke darin rosa braten, danach aus der Pfanne nehmen und auf einem Teller ein paar Minuten rasten lassen.
5. In der Pfanne mit dem Rostbratenansatz die klein geschnittene Zwiebel anschwitzen.
6. Das gerissene Wurzelgemüse und die Kapern hinzufügen und ebenfalls kurz anschwitzen.
7. Mit Rotwein ablöschen und aufkochen, dann die Kalbsglace dazugeben und etwas reduzieren lassen.
8. Sauerrahm glattrühren und die Soße damit binden.
9. Mit Salz, Pfeffer und Suppengewürz abschmecken und mit Petersilie vollenden.
10. Die Rostbratenstücke in die Soße legen, einmal aufkochen und dann mit Kren-Butternockerln anrichten.

Rostbraten wird aus der gut abgehangenen Hohen Beiried (auch Rostbratenried genannt) geschnitten. Wer mageres Fleisch bevorzugt, wählt Scheiben aus der Beiried (auch Niedere Ried genannt).

Eingemachter Mangold

Zutaten

250 g	Mangold
60 ml	Weißwein
60 ml	Wermut
60 ml	Mangold-Kochfond
	Salz
	Pfeffer
4 EL	Sauce hollandaise (→ S. 149)
50 ml	Schlagobers

Zubereitung

1. Mangold von den Stielen befreien und waschen.
2. Die Mangoldblätter in kochendem Wasser kurz blanchieren und sofort in eiskaltem Wasser abschrecken. Den Fond aufheben. Die Blätter gut ausdrücken und etwas schneiden.
3. Weißwein und Wermut mit etwas Mangold-Kochfond auf etwa 40 ml einkochen.
   Den Mangold dazugeben, erwärmen, mit Salz und Pfeffer würzen.
   Kurz vor dem Anrichten Sauce hollandaise und geschlagenes Obers unterziehen.

Eingemachter Wirsing

6 | 30 Minuten |

Zutaten

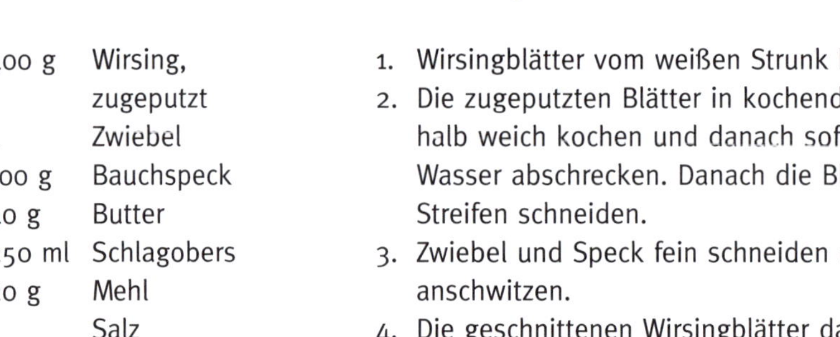

400 g	Wirsing, zugeputzt
1	Zwiebel
100 g	Bauchspeck
40 g	Butter
250 ml	Schlagobers
20 g	Mehl
	Salz
	Pfeffer
	Suppengewürz

Zubereitung

1. Wirsingblätter vom weißen Strunk befreien.
2. Die zugeputzten Blätter in kochendem Wasser halb weich kochen und danach sofort in eiskaltem Wasser abschrecken. Danach die Blätter in feine Streifen schneiden.
3. Zwiebel und Speck fein schneiden und in Butter anschwitzen.
4. Die geschnittenen Wirsingblätter dazugeben und mit Schlagobers gerade bedeckt auffüllen.
5. Mit Salz, Pfeffer und Suppengewürz verfeinern und aufkochen.
6. Etwas Mehl mit kaltem Wasser glattrühren und den Wirsing damit binden.

Leider ist der Wirsing in Österreich häufig nur unter den Sammelbegriff Kohl bekannt. Im Wiener Raum wird dieses Gemüse auch als „Kelch“ betitelt.

Zucchinigemüse

Zutaten

1	Zucchini
1	Zwiebel
1	roter Paprika
2	Knoblauchzehen
1	Rosmarinzweig
1 g	Thymian
20 g	Tomatenmark
100 ml	Tomatensaft
	Salz
	Pfeffer

Zubereitung

1. Zucchini der Länge nach halbieren und in Scheiben schneiden. Paprika und Zwiebel grob würfeln. Knoblauchzehen in feine Scheiben schneiden. Rosmarin abrebeln und grob hacken.
2. Die Zwiebelwürfel in Olivenöl anschwitzen, danach den Knoblauch hinzufügen und etwas mitschwitzen.
3. Erst Paprika dazugeben, kurz anschwitzen und danach die Zucchini sowie die Kräuter beigeben und ebenfalls anschwitzen.
4. Tomatenmark und Tomatensaft hinzufügen, mit Salz und Pfeffer würzen und bissfest dünsten.

Schmorgemüse

Zutaten

150 g	Karotten
150 g	gelbe Rüben
150 g	Knollensellerie
40 g	Butter
1 Zweig	Rosmarin
	Salz
	Suppengewürz

Zubereitung

1. Geschälte Karotten, gelbe Rüben und Sellerie blättrig schneiden.
2. Das Gemüse in Butter mit Rosmarin leicht anrösten.
3. Mit etwas Wasser untergießen.
4. Mit etwas Salz und Suppengewürz abschmecken.

Schwarzwurzel-Ragout

4 | 30 Minuten |

Zutaten

500 g	Schwarzwurzeln
1	Zitrone
30 g	Butter
250 ml	Schlagobers
	Salz
10 g	Mehl

Zubereitung

1. Eine Schüssel mit Wasser, Salz und Zitronensaft vorbereiten.
2. Schwarzwurzeln gut waschen. Anschließend schälen und sofort in Zitronenwasser legen.
3. In 2 cm lange Stücke schneiden und gleich wieder in Wasser einlegen.
4. Die Schwarzwurzeln in Butter anschwitzen.
5. Mit Obers aufgießen, mit Salz würzen und bissfest weich dünsten.
6. Mehl mit kaltem Wasser glattrühren und die Schwarzwurzeln damit binden.

Serviettenknödel façon Korso

Zutaten

250 g	Toastbrot
200 g	Sauerrahm
1	Ei
4	Eidotter
	Salz
	Muskatnuss
20 g	Butter

Zubereitung

1. Toastbrot entrinden und würfelig schneiden.
2. Sauerrahm mit Eidotter, Salz und Muskatnuss verrühren und mit den Brotwürfeln mischen.
3. Frischhaltefolie auf ein Brett legen und die Knödelmasse der Länge nach und in einer Breite von etwa 5 cm auf die Folie auftragen.
4. Die Knödelmasse mit flüssiger Butter bepinseln, danach mit der Folie zu einer Rolle eindrehen und die Enden mithilfe eines Küchengarns verschließen.
5. Die Serviettenknödel in leicht siedendem Wasser etwa 20 Minuten ziehen lassen

Getrüffelte Butternockerl

4 | 25 Minuten 30 Minuten |

Zutaten

50 g weiche Butter
2 Eier, getrennt
70 g griffiges Mehl
15 g Trüffelmehl
Salz

Zubereitung

1. Das griffige Mehl mit dem Trüffelmehl in eine Schüssel sieben.
2. Weiche Butter mit den Eidottern schaumig schlagen.
3. Eiklar mit einer Prise Salz zu Schnee schlagen.
4. Vorsichtig den Schnee und das Mehl unter den Butterabtrieb heben.
5. Die Masse etwa 20 Minuten kühl rasten lassen.
6. Mit einem Esslöffel große Nocken formen und in kochendes Salzwasser einlegen. Nach einer Minute die Butternockerl wenden und die Herdplatte abschalten. 7–8 Minuten durchziehen lassen.

Kren-Butternockerl

Zutaten

200 g Toastbrot
80 g griffiges Mehl
200 g Butter
4 Eier, getrennt
Salz

Butter
gerissener Kren
Schnittlauch

Zubereitung

1. Toastbrot entrinden und in feine Würfel schneiden, danach mit dem Mehl vermischen.
2. Butter und Eidotter schaumig schlagen.
3. Das Eiklar mit etwas Salz zu Schnee schlagen.
4. Schnee und Weißbrotbrösel vorsichtig unter die Buttermasse heben.
5. Eine halbe Stunde kühl rasten lassen.
6. Mit einem Suppenlöffel große Nocken abstechen und in leicht kochendes Salzwasser einlegen.
7. Nach etwa 2 Minuten die Nocken wenden und nicht mehr kochend weitere 8 Minuten ziehen lassen.
8. Anrichten, mit frisch gerissenem Kren und brauner Butter überziehen und mit Schnittlauch bestreuen.

Passt sehr gut als Beilage zu Rostbraten, Rindsgeschnetzeltem und Soßengerichten.

Getrüffelte Polentacreme

4 | 30 Minuten 1 Stunde | ●●●

Zutaten

40 g	Polenta
10 ml	Olivenöl
320 ml	Wasser
50 ml	Schlagobers
20 g	Parmesan
	Salz
1 EL	Trüffelöl

Zubereitung

1. Polenta in Olivenöl anschwitzen.
2. Mit Wasser und Obers aufgießen und unter ständigem Rühren etwa 5 Minuten gut verkochen lassen.
3. Die Polentamasse im Standmixer fein pürieren.
4. Mit Salz würzen und mit geriebenem Parmesan sowie Trüffelöl aromatisieren.
5. Die Polentacreme eine Stunde rasten lassen. Die Polenta dickt dabei ein und wird cremig.

Selleriepüree

4 | 15 Minuten 25 Minuten | ●●●

Zutaten

600 g	Knollensellerie
80 g	Butter
	Salz

Zubereitung

1. Sellerie gut waschen.
2. Knollensellerie im Ganzen im Druckkochtopf mit zwei Finger hoch Wasser etwa 25 Minuten weich dämpfen.
3. Den Sellerie noch heiß schälen und in Würfel schneiden.
4. Im Standmixer oder mit einem Mixstab fein pürieren. Dabei die kalte Butter einarbeiten.
5. Mit Salz abschmecken.

Eingemachte Linsen

Zutaten

350 g	grüne Linsen
1	Zwiebel
50 g	Bauchspeck, dicke Scheiben
40 g	Butter
300 ml	Schlagobers
250 ml	Linsen-Kochfond
	Salz
	Pfeffer
1	Lorbeerblatt
	Suppengewürz
	Petersilie

Zubereitung

1. Linsen mindestens 12 Stunden in reichlich kaltem Wasser einweichen.
2. Das Wasser abgießen und die Linsen mit frischem Wasser, Salz und dem Lorbeerblatt kernig weichkochen. Danach das Kochwasser abgießen, jedoch 1/4 l davon aufheben.
3. Zwiebel fein schneiden und in Butter mit den ganzen Speckscheiben anschwitzen.
4. Die Linsen mit dem Kochfond und Schlagobers hinzufügen und aufkochen.
5. Die Speckscheiben entfernen.
6. Gut 1/4 Liter der Linsen in einem Standmixer oder mit dem Mixstab ganz fein pürieren und den anderen Linsen wieder als Bindung zuführen.
7. Mit Salz, Pfeffer und Suppengewürz verfeinern.
8. Vor dem Anrichten frisch gehackte Petersilie einrühren.

Grünes Öl

Zutaten

20 g	Blattspinat
20 g	Basilikum
20 g	Petersilie
100 ml	gutes Olivenöl

Zubereitung

1. Blattspinat, Basilikum und Petersilie in kochendem Wasser ein paar Sekunden blanchieren und danach sofort in eiskaltem Wasser abschrecken.
2. Die Blätter gut ausdrücken und im Standmixer mit Olivenöl fein mixen.
3. Anschließend die Soße durch ein feines Sieb passieren.

Dieses Öl wird zur Dekoration von Vorspeisen verwendet.

Fischfond

1 Liter | ⏱ 3–4 Stunden | ●●●

Zutaten

500 g	Fischkarkassen vom Meeresfisch
2 l	Wasser
1/2 l	Weißwein
200 g	Stangensellerie
1	Zitrone
1 TL	Pfefferkörner
1 TL	Thymian
1	Lorbeerblatt

Zubereitung

1. Die Fischkarkassen unter fließendem Wasser gut abspülen.
2. Die Karkassen mit Wasser und Weißwein langsam zum Siedepunkt bringen. Dabei immer wieder den entstehenden Schaum entfernen.
3. Stangensellerie klein schneiden. Die Zitrone in Scheiben schneiden und beides mit den Gewürzen dem Fond beifügen.
4. Bei milder Hitze etwa 30 Minuten knapp unter dem Siedepunkt halten.
5. Den Fond vorsichtig durch ein feines Sieb passieren.

Damit der Fischfond klar bleibt, ist es wichtig, dass er nicht kocht.

Kalbsfond

1 Liter | ⏱ 3–4 Stunden | ●●●

Zutaten

4 l	Wasser
500 g	Kalbsknochen
500 g	Kalbs-Parüren
1 TL	Pfefferkörner
1	Lorbeerblatt
1/2	Zwiebel
1/2	Karotte
1/2	gelbe Rübe
1/2	Petersilienwurzel
1/4	Knollensellerie

Zubereitung

1. Kalbsknochen und Parüren unter fließendem kaltem Wasser gut auswässern.
2. In einem Topf mit 4 l kaltem Wasser zustellen und langsam zum Sieden bringen. Dabei immer wieder den entstehenden Schaum entfernen.
3. Nach etwa 2 Stunden das gewaschene, in grobe Stücke geschnittene Gemüse und die Gewürze dazugeben und etwa auf ein Drittel der Menge einkochen.
4. Den Fond durch ein feines Sieb passieren.

Kalbsjus

1 Liter | ⏱ 3–4 Stunden | ●●●

Zutaten

1 kg	Kalbsknochen
2	Zwiebeln
	Öl
150 g	Tomatenmark
1/4 l	Rotwein
3 l	Wasser
1 TL	Pfefferkörner
1 TL	Wacholderbeeren
2	Lorbeerblätter

Zubereitung

1. Die Zwiebeln mit der Schale halbieren.
2. Die Knochen mit den Zwiebeln auf ein Backblech legen, etwas Öl darüberträufeln und im Backrohr etwa 2 Stunden bei 180 °C braun rösten.
3. Das Tomatenmark unter die Knochen rühren und ebenfalls noch etwa 20 Minuten braun rösten.
4. Die gerösteten Knochen mit den Zwiebeln in einem Topf mit Rotwein und kaltem Wasser langsam zum Kochen bringen. Dabei immer wieder den entstehenden Schaum entfernen.
5. Die Gewürze dazugeben und langsam auf die Hälfte einkochen lassen.
6. Den fertigen Kalbsjus durch ein Sieb passieren.

Kalbsglace

1/2 Liter | ⏱ 5–6 Stunden | ●●●

Zutaten

500 g	Kalbsknochen
500 g	Kalbs-Parüren
1/8 l	Rioja oder gehaltvoller Rotwein
3 l	Wasser
1 l	Kalbsjus (→ S. 233)

Die Kalbsglace ist ein sehr konzentrierter sirupartiger Fleischsaft, welcher als Soßengrundlage oder zum Verfeinern von Soßen verwendet werden kann.

Zubereitung

1. Knochen und Parüren auf ein Backblech legen, etwas Öl darüberträufeln und im Backrohr etwa 2 Stunden bei 180 °C braun rösten.
2. Die gerösteten Knochen und Parüren in einem Topf mit kaltem Wasser und Rotwein langsam zum Kochen bringen. Dabei immer wieder den entstehenden Schaum entfernen.
3. Langsam auf die Hälfte einkochen lassen, danach durch ein Sieb passieren.
4. Noch einmal aufkochen, den Kalbsjus dazugeben und langsam auf einen halben Liter einkochen lassen.
5. Die fertige Kalbsglace durch ein feines Sieb passieren, noch besser durch ein Passiertuch.

Weiße Grundsoße

200 ml | ⏱ 20 Minuten | 

Zutaten

120 ml	Kalbsfond (→ S. 232)
20 ml	Weißwein
50 ml	Schlagobers
20 g	Mehlbutter (→ S. 183)
	Salz
	Pfeffer

Zubereitung

1. Kalbsfond und Weißwein auf die Hälfte einkochen.
2. Mit Schlagobers auffüllen, leicht mit Salz und Pfeffer würzen.
3. Mit Mehlbutter binden und mit dem Stabmixer mixen.

Pommery-Senfsoße

6 | ⏱ 25 Minuten |

Zutaten

1/8 l	Weiße Grundsoße (siehe oben)
20 g	Pommery-Senf
10 g	Dijon-Senf
20 g	Butter

Zubereitung

1. Grundsoße aufkochen.
2. Die Soße mit Pommery- und Dijon-Senf aromatisieren.
3. Kalte Butter in kleine Würfel schneiden und mit einem Stabmixer in die Soße einmixen.

Kräutersabayon

4 | ⏱ 15 Minuten |

Zutaten

100 ml	Weiße Grundsoße (siehe oben)
	Basilikum
	Petersilie
	Schnittlauch
4 EL	Sauce hollandaise (→ S. 149)

Zubereitung

1. Grundsoße aufkochen.
2. Vor dem Anrichten mit frisch gehackten Kräutern und Sauce hollandaise verrühren.

Champagner-Soße

Zutaten

60 ml	Fisch- oder Kalbsfond (→ S. 132)
60 ml	Champagner
60 ml	Schlagobers
20 g	Butter
	Salz

Zubereitung

1. Fisch- oder Kalbsfond (je nach Gericht) auf die Hälfte einkochen.
2. Champagner dazugeben und ebenfalls auf die Hälfte einkochen.
3. Obers dazugeben und aufkochen.
4. Die kalte Butter mit einem Stabmixer in die heiße Soße einmixen.

Varianten

Champagner-Soße mit Schnittlauch: Hierfür die Champagnersoße mit gehacktem Schnittlauch vollenden.
Champagner-Kaviarsoße: Hierfür die Champagner-Soße mit Kaviar vollenden. Die Soße darf danach nicht mehr kochen.

Trüffel-Morchelsoße

Zutaten

120 g	frische Morcheln
30 g	Butter
	Salz
	Pfeffer
	Kerbel
	Trüffelsoße (→ S. 237)
5 EL	Sauce hollandaise (→ S. 149)

Zubereitung

1. Trüffelsoße und Sauce hollandaise laut Rezepten bereiten.
2. Die Morcheln der Länge nach halbieren und unter fließendem Wasser alle Zwischenräume gut reinigen.
3. Butter in einer Pfanne bräunen, die Morcheln dazugeben, anschwitzen und sogleich mit Salz und Pfeffer würzen.
4. Morcheln in Trüffelsoße aufkochen.
5. Vor dem Anrichten mit Sauce hollandaise und gehacktem Kerbel verrühren.

Die Morcheln in brauner Butter anzurösten hilft, den feinen Geschmack der Pilze zu heben.

Tomaten-Hollandaise mit Rosmarin

4 | 20 Minuten | ●●●

Zutaten

2	Tomaten
20 g	Butter
1	Rosmarinzweig
40 ml	Kalbsglace (→ S. 233)
	Salz
	Pfeffer
5 EL	Sauce hollandaise (→ S. 149)

Zubereitung

1. Sauce hollandaise laut Rezept bereiten.
2. Die Tomaten mit einem scharfen Messer kreuzweise einschneiden und den Strunkansatz entfernen. In kochendem Wasser circa 20 Sekunden blanchieren und anschließend sofort in kaltem Wasser abschrecken. Die Haut abziehen, die Tomaten halbieren und das Kerngehäuse herauslösen. Das Tomatenfleisch in kleine Würfel schneiden.
3. Rosmarin abrebeln, klein hacken und in Butter aufschäumen. Danach die Tomatenwürfel und Kalbsglace dazu geben.
4. Mit Salz und Pfeffer würzen.
5. Vor dem Anrichten mit Sauce hollandaise verrühren.

Tomaten-Butter-Soße

Zutaten

Tomaten
Butter
Frisches Basilikum
Salz
Zucker

Die viele Butter in der Soße macht diese besonders sämig. Soll die Tomatensoße zu Fleisch gereicht werden, kann anstatt Basilikum auch Rosmarin oder Knoblauch verwendet werden. Diese aber vorerst in Butter anschwitzen.

Zubereitung

1. Die Tomaten mit einem scharfen Messer kreuzweise einschneiden und den Strunkansatz entfernen. In kochendem Wasser circa 20 Sekunden blanchieren und anschließend sofort in kaltem Wasser abschrecken. Die Haut abziehen, die Tomaten halbieren und das Kerngehäuse herauslösen. Das Tomatenfleisch in kleine Würfel schneiden.
2. Das Kerngehäuse der Tomaten mit etwas Salz verschlagen und durch ein Sieb passieren.
3. Die Tomatenwürfel in etwas Butter anlaufen lassen.
4. Den Tomatensaft aus dem Kerngehäuse und frisches Basilikum hinzufügen und etwas einkochen.
5. Mit Salz und Zucker würzen.
6. Buttermenge beinahe im Verhältnis 1 zu 1 zur Soße in kleine Würfel schneiden und nach und nach in die kochende Soße einarbeiten.

Trüffelsoße

4 | 15 Minuten | ●●●

Zutaten

100 ml	Kalbsfond (→ S. 232)
2 cl	Trüffeljus
5 cl	Schlagobers
	Salz
	Pfeffer
2 cl	Kalbsglace (→ S. 233)
	Butter
	schwarzer Trüffel

Zubereitung

1. Kalbsfond auf die Hälfte einkochen, Trüffeljus dazugeben und ebenfalls reduzieren.
2. Mit Schlagobers auffüllen und aufkochen.
3. Kalbsglace beifügen und mit Salz und Pfeffer würzen.
4. Mit dem Mixstab kalte Butter in die heiße Soße einmixen.
5. Mit gehobeltem Trüffel vollenden.

Rioja-Schalottensoße

Zutaten

200 g	Schalotten
1/4 l	Rioja
1/4 l	Wasser
4 cl	Kalbsglace (→ S. 233) oder
20 g	Tomatenmark
15	Pfefferkörner
5	Wacholderbeeren
1	Lorbeerblatt
1	Rosmarinzweig
2	Zweige Thymian
10 g	Zucker
	Salz
	Suppengewürz

Zubereitung

1. Für das Gewürzsäckchen die Pfefferkörner und Wacholderbeeren im Mörser quetschen, Den Rosmarinzweig in kleine Stücke brechen. Anschließend die Pfefferkörner, Wacholderbeeren, Lorbeerblatt, Rosmarin und Thymian auf ein kleines Tuch legen, zu einem Säckchen falten und mit Küchengarn zusammenbinden.
2. Die Schalotten in feine Würfel schneiden und in Butter bei mäßiger Hitze langsam anschwitzen.
3. Wenn Sie keine Kalbsglace haben, jetzt das Tomatenmark dazugeben und langsam anrösten.
4. Mit Rioja, Kalbsglace und Wasser aufgießen, das Gewürzsäcken hineinhängen und mit einem Deckel halb bedeckt eine Stunde bei milder Hitze leicht köcheln lassen.
5. Das Gewürzsäckchen entfernen und ausdrücken.
6. Die Soße weiter einkochen, bis eine cremige Zwiebelsoße entsteht.
7. Mit Zucker, Salz und Suppengewürz abschmecken.

Joghurtnockerl

4 | 20 Minuten 4 Stunden | ●●●

Zutaten

1/8 l	Naturjoghurt
70 g	Topfen
15 g	Staubzucker
1 Spr.	Zitronensaft
35 g	Honig
1 Prise	Zimt, gemahlen
1 Blatt	Gelatine
1 Schuss	Inländer-Rum 38 %
1/4 l	Schlagobers
25 g	Staubzucker
1 Pk.	Sahnesteif (8 g)
	Weichseln
	Beeren
	Fruchtsoßen
	Minzblätter

Zubereitung

1. Gelatine in reichlich kaltem Wasser einweichen.
2. Joghurt, Topfen, Staubzucker, Zitronensaft und Zimt gut miteinander verrühren.
3. Den Rum erwärmen, die eingeweichten Gelatineblätter darin auflösen und unter die Masse rühren.
4. Schlagobers mit dem Zucker leicht cremig schlagen, Sahnesteif dazugeben und weiter schlagen, bis das Schlagobers halbsteif ist.
5. Schlagobers unter die Masse heben und zugedeckt im Kühlschrank einige Stunden gut durchkühlen lassen.
6. Zum Anrichten einen Esslöffel in heißes Wasser tauchen, Nockerl aus der Masse ausstechen und mit Weichseln, Beeren, Fruchtsoßen und Minzblättern garnieren.

Gervaisnockerl

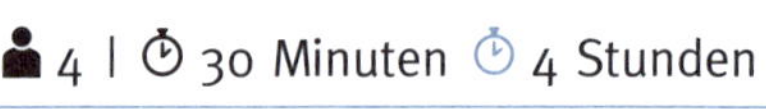

Zutaten

500 g	Gervais
100 g	Staubzucker
1	Ei
1	Zitrone
2	Blatt Gelatine
	Weichseln
	Beeren
	Fruchtsoßen
	Minzblätter

Zubereitung

1. Gelatine in kaltem Wasser einweichen.
2. Etwa 100 g Gervais mit Staubzucker, Zitronensaft und Ei gut aufrühren.
3. Gelatine aus dem Wasser nehmen, in einer Schüssel über Wasserdampf auflösen und in die Gervaismasse einrühren.
4. Den restlichen Gervais kurz unterrühren und einige Stunden im Kühlschrank gut durchkühlen lassen.
5. Zum Anrichten einen Esslöffel in heißes Wasser tauchen, Nockerl aus der Masse ausstechen und mit Weichseln, Beeren, Fruchtsoßen und Minzblättern garnieren.

Schokoladennockerl

4 | 30 Minuten 4 Stunden | ●●●

Zutaten

2	Eier
50 g	Zucker
80 g	Dunkle Schokolade
2	Blatt Gelatine
2 cl	Weinbrand
200 ml	Schlagobers
	Schlagobers
	Schokospäne
	Minzblätter

Zubereitung

1. Schokolade in einer kleinen Metall- oder Glasschüssel im Backrohr bei 60 °C schmelzen.
2. Etwas Wasser in einem kleinen Topf zum Kochen bringen.
3. Gelatine in kaltem Wasser einweichen.
4. In einer Metallschüssel die Eier und den Zucker über Wasserdampf cremig warm aufschlagen.
5. Anschließend vom Wasserdampf nehmen und mit dem Handmixer so lange mixen, bis die Eiermasse wieder kalt ist.
6. Die eingeweichte Gelatine aus dem Wasser nehmen und in einer Schüssel mit dem Weinbrand über Dampf erwärmen.
7. Zuerst die aufgelöste Gelatine in die Eiermasse einrühren, dann die zerlassene Schokolade unterrühren.
8. Das Schlagobers halb steif schlagen und unter die Masse ziehen.
9. Die Schokoladennockerlmasse im Kühlschrank einige Stunden gut durchkühlen lassen.
10. Zum Anrichten einen Esslöffel in heißes Wasser tauchen, Nockerl aus der Masse ausstechen und mit Schlagobers, Schokospänen und Minzblättern garnieren.

Lebkuchennockerl

5 | 30 Minuten 4 Stunden | ●●●

Zutaten

50 g	dunkle Kuvertüre
1	Ei
2	Eidotter
40 g	Kristallzucker
5 g	Vanillezucker
1	Blatt Gelatine
1 cl	Mandellikör
80 g	Lebkuchen
1 Prise	Lebkuchengewürz
200 ml	Schlagobers
	Schlagobers
	geröstete Mandelblättchen,
	Mandel-Orangensoße (→ S. 190)

Zubereitung

1. Lebkuchen in feine Würfel schneiden und mit Lebkuchengewürz mischen.
2. Schokolade in einer Metall- oder Glasschüssel im Backrohr bei 60 °C erwärmen.
3. Die Gelatine in kaltem Wasser einweichen.
4. Einen Topf mit zwei Finger hoch Wasser zum Kochen bringen.
5. Ei, Eidotter und Kristallzucker in einer Schüssel über dem Wasserdampf mit einem Schneebesen cremig warm aufschlagen. Anschließend vom Topf nehmen und kalt schlagen.
6. Die aufgeweichte Gelatine aus dem Wasser nehmen, abtropfen lassen und in einer Schüssel mit dem Mandellikör im Wasserbad erwärmen, sodass sie sich verflüssigt.
7. Dann in die Eiermasse einrühren, ebenfalls die flüssige Schokolade.
8. Das Schlagobers fast steif schlagen und unter die Masse heben, ebenso die Lebkuchenwürfel.
9. Im Kühlschrank einige Stunden gut durchkühlen lassen.
10. Zum Anrichten einen Esslöffel in heißes Wasser tauchen, Nockerl aus der Masse ausstechen und garnieren.

Maroninockerl

6 | 30 Minuten 4 Stunden | ●●●

Zutaten

30 g	Dunkle Schokolade
2 Blatt	Gelatine
2	Eier
2 cl	Mandellikör
2 cl	Inländer-Rum 38 %
30 g	Kristallzucker
8 g	Vanillezucker
300 g	Maronenpüree
300 ml	Schlagobers

Schlagobers
geröstete Mandelblättchen
Mandel-Orangensoße (➔ S. 190)

Zubereitung

1. Schokolade in einer Metall- oder Glasschüssel im Backrohr bei 60 °C erwärmen.
2. Die Gelatine in kaltem Wasser einweichen.
3. Einen Topf mit zwei Finger hoch Wasser zum Kochen bringen.
4. Eier, Mandellikör, Kristallzucker und Vanillezucker in einer Metallschüssel über Dampf schön cremig warm schlagen, anschließend vom Topf nehmen und kalt schlagen.
5. Die aufgeweichte Gelatine aus dem Wasser nehmen, abtropfen lassen und in einer Schüssel mit dem Rum im Wasserbad erwärmen, sodass sie sich verflüssigt.
6. Das Maronenpüree in die Masse einarbeiten.
7. Schlagobers halb steif schlagen und unter die Masse heben, einige Stunden gut durchkühlen lassen.
8. Zum Anrichten einen Esslöffel in heißes Wasser tauchen, Nockerl aus der Masse ausstechen und garnieren.

Kaffeemousse

4 | 30 Minuten 4 Stunden |

Zutaten

100 g dunkle Kuvertüre
2 Eier
2 Eidotter
3 Blatt Gelatine
2 cl Whisky
50 g Zucker
15 g löslicher Kaffee
1/2 l Schlagobers

Schlagobers
Schokospäne

Zubereitung

1. Schokolade im Backrohr bei 60 °C schmelzen, Gelatine in kaltem Wasser einweichen.
2. Whisky mit Zucker und löslichem Kaffee aufkochen, vom Herd nehmen und die eingeweichten Gelatineblätter darin auflösen.
3. Die Eidotter in die geschmolzene Schokolade einrühren, danach auch die ganzen Eier.
4. Die Whisky-Kaffeemischung einrühren.
5. Das Schlagobers halb steif schlagen und unter die Masse ziehen.
6. Das Kaffeemousse in Gläser abfüllen und im Kühlschrank einige Stunden gut durchkühlen lassen. Mit Schlagobers und Schokospänen garnieren.

Granatapfelmousse

Zutaten

1 Granatapfel (500 g)
1/4 l Joghurt
80 ml Ahornsirup
2 Blatt Gelatine

1/4 l Schlagobers
40 g Staubzucker
1 Pk. Sahnesteif (8 g)

Das Auspressen der Granatapfelkerne geht noch leichter mit einer Erdäpfelpresse. Anstatt Ahornsirup kann auch Honig verwendet werden.

Zubereitung

1. Gelatine in kaltem Wasser einweichen.
2. Den Granatapfel halbieren. Mit einem Löffel die Kerne herausschaben.
3. Durch ein Sieb den Saft aus den Kernen pressen.
4. Granatapfelsaft mit Joghurt und Ahornsirup verrühren.
5. Gelatine aus dem Wasser nehmen und in einer Schüssel erwärmen, sodass sie sich auflöst, dann in die Masse einrühren.
6. Schlagobers mit dem Zucker leicht cremig schlagen, Sahnesteif dazugeben und weiter schlagen, bis das Schlagobers halb steif ist.
7. Schlagobers unter die Masse heben.
8. In Gläser abfüllen, mit Frischhaltefolie verschließen und im Kühlschrank einige Stunden gut durchkühlen lassen.

Mohr im Hemd

6 | 1 Stunde | ●●●

Zutaten

60 g	Butter
30 g	Staubzucker
30 g	Kristallzucker
3	Eidotter
3	Eiklar
60 g	Dunkle Schokolade
750 g	Haselnüsse, gerieben und geröstet
35 g	Semmelbrösel
	Butter, Kristallzucker oder Semmelbrösel für die Förmchen

Überzugscreme

1/8 l	Milch
1 cl	Inländer-Rum 38 %
30 g	Kristallzucker
8 g	Vanillezucker
1	Eidotter
10 g	Stärkemehl
60 ml	Schlagobers
100 ml	Schokoladensoße (➔ S. 190)
	Schlagobers geröstete Mandelblättchen

Zubereitung

1. Schokolade in einer Metall- oder Glasschüssel im Backrohr bei 60 °C erwärmen. Kleine Becherformen (Dariolformen) dick mit weicher Butter ausstreichen und anschließend mit Semmelbröseln oder Kristallzucker ausstreuen.
2. Haselnüsse mit Semmelbröseln mischen.
3. Butter mit Staubzucker und Eidotter schaumig rühren. Die flüssige Schokolade einrühren.
4. Backrohr auf 150 °C vorheizen. Eine Bratenrein oder einen Topf drei Finger hoch mit heißem Wasser zum Pochieren in das Backrohr stellen.
5. Eiklar mit Kristallzucker zu Schnee schlagen und mit den Haselnüssen unter die Masse heben.
6. Die Masse in die Förmchen füllen.
7. Im Backrohr ins Wasserbad stellen und etwa 1 Stunde pochieren.
8. Die Formen herausnehmen und sofort stürzen.

Überzugscreme

9. Etwas kalte Milch mit Stärkemehl und Eidotter glatt verrühren.
10. Die restliche Milch mit dem Kristallzucker und dem Vanillezucker aufkochen.
11. Die Ei-Stärkemehl-Milch einrühren und kurz unter ständigem Rühren zu einer Vanillecreme kochen und mit Rum aromatisieren.
12. Die Creme abkühlen lassen und anschließend mit flüssigem Schlagobers glatt verrühren.
13. Die Küchlein mit der Creme überziehen und mit Schlagobers und gerösteten Mandelblättchen garnieren.

Entweder die Küchlein direkt nach dem Backrohr noch heiß anrichten oder zum Servieren kurz (in der Mikrowelle) aufwärmen, mit der Creme überziehen und mit der Schokoladensoße verzieren. Die Küchlein lassen sich auch einfrieren, zum Auftauen leistet der Mikrowellenherd gute Dienste.

Topfen-Nussauflauf

4 | 1 Stunde | ●●●

mit heißen Weichseln

Zutaten

50 g	Butter, zimmerwarm
25 g	Staubzucker
3	Eier, getrennt
50 g	Topfen
25 g	Kristallzucker
90 g	Haselnüsse, gerieben
	etwas weiche Butter zum Ausstreichen
	Haselnüsse, gerieben zum Ausstreuen

Weichseln

200 g	Weichseln
40 g	Kristallzucker
10 g	Stärkemehl

Zubereitung

1. Backrohr auf 150 °C vorheizen. Eine Bratenrein oder einen Topf mit drei Finger hoch heißem Wasser zum Pochieren in das Backrohr stellen.
2. Kleine Formen mit weicher Butter gut ausstreichen und mit geriebenen Haselnüssen ausstreuen.
3. Die zimmerwarme Butter mittels Handmixer mit den Eidottern und dem Staubzucker schaumig aufschlagen (abtreiben).
4. Den Topfen in die Buttermasse einrühren.
5. Eiklar mit dem Kristallzucker zu Schnee schlagen.
6. Den Schnee vorsichtig mit den geriebenen Haselnüssen unter die Masse heben (nicht zu lange rühren, das würde bewirken, dass die Luft aus dem Schnee entweicht und das Soufflé nicht aufgeht).
7. Die Masse in die Formen füllen.
8. Die Formen ins Wasserbad stellen (das Wasser soll circa 75 °C haben) und circa 35 Minuten pochieren.
9. In der Zwischenzeit die Weichseln mit dem Zucker aufkochen. Stärkemehl mit etwas kaltem Wasser verrühren und die Weichseln damit binden.
10. Die Förmchen aus dem Rohr nehmen, stürzen und mit den Weichseln anrichten.

Während des Pochierens das Backrohr nicht öffnen, es würde bewirken, dass die heiße Luft sofort entweicht, kalte Luft einströmt und der Auflauf zusammenfällt.

Man kann den Auflauf sehr gut einfrieren und bei Bedarf in der Mikrowelle wieder aufwärmen.

Dirndl-Tiramisu

👤 8 | ⏱ 30 Minuten ⏱ 6 Stunden | ●●●

mit Mohn

Zutaten

500 g	Mascarpone
3	Eier
100 g	Kristallzucker
300 g	Biskotten
250 g	Dirndlmark
125 g	Staubzucker
120 ml	Amaretto
50 ml	Orangensaft
50 g	Mohn, gemahlen
	Staubzucker zum Garnieren

Sollte kein Dirndlmark aufzutreiben sein, können Sie auch Dirndlmarmelade verwenden. Bitte hierbei im Punkt 1. der Zubereitung auf Staubzucker verzichten.

Zubereitung

1. Zum Tränken der Biskotten das Dirndlmark mit 90 ml Amaretto, Staubzucker und Orangensaft verrühren.
2. Für das Tiramisu die Eier mit Kristallzucker cremig aufschlagen.
3. Mascarpone mit 30 ml Amaretto kurz verrühren (bei zu langem Rühren verflüssigt sich der Mascarpone).
4. Anschließend Mascarpone kurz unter die Eiermasse rühren.
5. Eine dünne Schicht Mascarpone-Creme auf dem Boden einer Glasschale verstreichen. Ein Drittel der Biskotten in Dirndl-Amarettomark tauchen und die Creme damit bedecken. Darauf wieder eine Schicht der Creme verstreichen. Diesen Vorgang noch zwei Mal wiederholen. Den Abschluss bildet die Mascarpone-Creme. Diese satt mit geriebenem Mohn bestreuen.
6. Das Tiramisu mindestens 6 Stunden kaltstellen.
7. Mit einem Suppenlöffel große Nocken vom Tiramisu abstechen, auf Tellern anrichten und mit Staubzucker bestreuen.

Wilde Kornelkirschensträucher (in Österreich als „Dirndl“ bezeichnet) tragen erst nach 12 Jahren Früchte. Die Ernte ist sehr aufwendig, da nur überreife Früchte verwendbar sind. Erntezeit ist Mitte August bis Anfang Oktober. Sechs Wochen lang heißt es dann, die Früchte vorsichtig von den Ästen zu schütteln und vom Boden aufzulesen. Handarbeit, die sich bezahlt macht. Denn die saftig-säuerlichen Dirndln mit ihrem intensiven Aroma sind eine seltene Delikatesse.
Für das Dirndlmark werden reife Dirndln tiefgekühlt, dabei kristallisiert das Wasser in der Frucht und zerstört die Struktur. Nach dem Auftauen werden die Dirndln durch ein Passiergerät oder feines Drahtsieb passiert. Das Verhältnis des Fruchtmarks zu Kernen und Schalen beträgt in etwa 1:1.

Der Anhang

Glossar österreichisch – deutsch

A

Apfelmus .... Apfelbrei

B

Backpulver .... Backin
Beiried .... Roastbeef
Beuschel .... Ragout von Kalbslunge und -herz, meist gesäuert
Biskotten .... Löffelbiskuit
Blaukraut .... Rotkohl
Blutwurst .... Rotwurst
Buchtel .... Rohrnudel
Butterschmalz .... Geklärte Butter

D

Dampferl .... Hefeteigansatz, Vorteig
Dörrzwetschke .... Backpflaume

E

Eidotter .... Eigelb
Eiklar .... Eiweiß
Eierschwammerl .... Pfifferlinge
Einbrenn .... Dunkle Mehlschwitze
Eischnee .... Geschlagenes Eiweiß

F

Faschieren .... Durch den Fleischwolf drehen
Faschierte Laiberl ..... Frikadellen
Faschiertes .... Hackfleisch
Filz .... Bauchfett vom Schwein
Fisolen .... Grüne Bohnen
Fleckerl .... In kleine Quadrate geschnittener Nudelteig
Fleischwolf .... Faschiermaschine
Frittaten .... Pfannkuchen, pikant – geschnitten als Suppeneinlage

G

Germ .... Hefe
Geschnetzeltes .... Fleischragout
Geselchtes .... Rauchfleisch
Grammeln .... Grieben
Gratinieren .... Überbacken
Gugelhupf .... Napfkuchen

H

Häuptelsalat .... Kopfsalat
Heidelbeeren .... Blaubeeren, Schwarzbeeren
Heidenmehl .... Buchweizenmehl
Hendl .... Junges Huhn
Heurige .... Frühkartoffeln
Holler .... Holunder
Holunderbeere .... Fliederbeere
Hesperiden-Essig ..... Österreichische Essigspezialität; kann durch Apfelessig ersetzt werden

K

Karfiol .... Blumenkohl
Karkasse .... Knochengerüst bei Geflügel oder Fisch
Karotten .... Möhren
Erdapfel .... Kartoffel
Erdäpfelpuffer .... Reibekuchen
Erdäpfelpüree .... Kartoffelbrei
Kekse .... Plätzchen
Kernöl .... Dunkles Öl aus Kürbiskernen, steirische Spezialität
Kipferl .... Hörnchen
Klare Rindssuppe .... Bouillon, Fleischbrühe
Klare Suppe .... Brühe
Kletzen .... gedörrte Birnen
Knödel .... Kloß

Knödelbrot .... Semmelwürfel
Kohl .... Wirsing
Kohlrabi .... Kohlrübe
Kohlsprossen .... Rosenkohl
Kokosflocken .... geraspelte Kokosnuss
Krapfen .... Berliner
Kraut .... Weißkohl
Kren .... Meerrettich
Kukuruz .... Mais

L

Lungenbraten .... Filet von Schwein oder Rind

M

Marille .... Aprikose
Marmelade .... Konfitüre
Maroni .... Edelkastanie
Mehlieren .... in Mehl wenden
Melanzani .... Aubergine
Most .... Obstwein

N

Nockerl .... etwas größere Spätzle
Nudelwalker .... Nudelholz

O

Obers .... Sahne
Oblate .... Konfektunterlage
Obstler .... Branntwein aus Obst
Ochsenschlepp .... Ochsenschwanz
Orange .... Apfelsine

P

Palatschinken .... Pfannkuchen
Panier .... Panade
Piment .... Neugewürz
Pofesen .... Arme Ritter
Polenta .... Maisgrieß
Powidl .... Dick eingekochtes Pflaumenmus
Püree .... (Gemüse-)Brei

R

Radi .... Weißer Rettich
Reibeisen .... Raspel
Ribiseln .... Rote Johannisbeeren
Rostbraten .... Hohes Roastbeef

S

Sackerl .... Beutel, Tüte
Sauerkraut .... Sauerkohl
Sauermilch,
Buttermilch .... Dickmilch
Sauerrahm .... Saure Sahne, Schmand
Scherzerl .... Brotanschnitt
Schlagobers .... Schlagsahne
Schweineschmalz ..... Schweinefett
Schneebesen .... Schneerute
Schopf,
Schopfbraten .... Schweinenacken, Hals
Schöpfer .... Kelle
Schotten .... eine besondere Art Quark
Schwammerl .... Pilze
Semmel .... Brötchen
Semmelbrösel .... Paniermehl
Sieden .... kochen
Staubzucker .... Puderzucker
Stelze .... Haxe
Striezel .... Hefezopf

T

Topfen .... Quark

V

Vogerlsalat .... Feldsalat, Rapunzel

W

Weichseln .... Sauerkirschen

Z

Zwetschke .... Pflaume
Zwetschkenröster ..... eingekochtes Pflaumenkompott

Rezeptindex